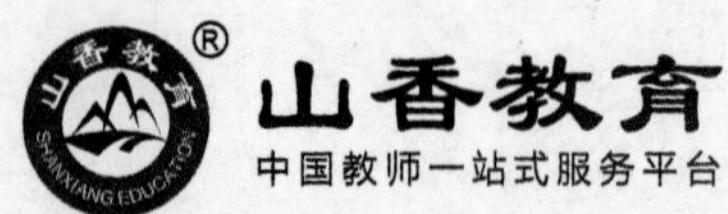

江苏省教师招聘考试

历年真题解析及押题试卷

教育理论基础

山香教师招聘考试命题研究中心　主编

扫码免费领取：
①免费名师视频课程
②精选20套历年真题(带答案和解析)
③山香独家内部讲义
④上岸必刷题库
⑤考试资讯第一时间获悉，从容准备，不错失每一次机会
⑥备考交流群，山香专业老师互动答疑，打卡督促学习

免费领取方式：
①扫码关注公众号
②回复备考省份，如"江苏省"

图书在版编目(CIP)数据

江苏省教师招聘考试·历年真题解析及押题试卷. 教育理论基础 / 山香教师招聘考试命题研究中心主编. -- 北京：首都师范大学出版社，2015.5(2021.9重印)

ISBN 978-7-5656-2335-6

Ⅰ. ①江… Ⅱ. ①山… Ⅲ. ①教育理论－教师－聘用－资格考试－题解 Ⅳ. ①G451.1-44

中国版本图书馆CIP数据核字(2015)第099010号

江苏省教师招聘考试历年真题解析及押题试卷
JIAOYU LILUN JICHU
教育理论基础
山香教师招聘考试命题研究中心　主　编

策划编辑　张文强
责任编辑　曹亮亮　王慕飞　　封面设计　山香教育
首都师范大学出版社出版发行
地　址　北京市西三环北路105号
邮　编　100048
咨询电话　010－68418523(总编室)　010－68982468(发行部)
网　址　http://cnupn.cnu.edu.cn
印　刷　河南黎阳印务有限公司
经　销　全国新华书店发行
版　次　2015年7月第3版
印　次　2021年9月第28次印刷
开　本　787mm×1092mm　1/16
印　张　13
字　数　305千
定　价　42.00元

前　言

近年来，教师招聘考试越来越“火热”，使得考生在参加教师招聘考试时面临着两大困境：一方面，随着广大考生对教师招聘考试的不断探索，笔试分数的差距在不断缩小；另一方面，教师招聘考试的试题难度和灵活性也在不断提高。

考生如何在严峻的教师招聘考试中脱颖而出呢？除了要具备扎实的专业知识外，短时间内系统、有针对性地复习和训练也是必要的。为了让更多的考生有针对性地备考，使其复习有方向、有条理，作为国内研究开发教师招聘考试辅导教材的专业机构，山香教育专门为有志于教育事业、需要通过教师招聘考试实现人生理想的广大考生朋友推出了本套试卷。2021年，我们在深入钻研江苏省教师招聘考情的基础上，结合历年真题，重新修订了《江苏省教师招聘考试・历年真题解析及押题试卷・教育理论基础》这套试卷。

本套试卷具有以下特点：

第一，真题全。真题试卷部分精选了江苏省各地最具有代表性的真题，知识点涵盖全面且题型丰富多样化，透视了课程标准和考试大纲的要点，预示了教师招聘考试的命题趋势。

第二，内容精。押题试卷部分是在充分研究各地考情和历年真题的基础上修订的。它注重对思想和方法的考查，注重对能力的考查，同时兼顾试题的基础性、综合性和现实性，重视试题间的层次性，合理调控综合程度。

第三，解析妙。本套试卷由山香教师招聘考试命题研究中心的老师针对河南省各地考试真题，在潜心研究的基础上，详细讲解答题思路，极具参考性，对于提高考生的考试能力大有裨益。

限于时间及水平，本套试卷难免存在一些不足之处，衷心希望各位读者朋友批评指正，同时希望这套试卷能为考生顺利通过招教考试提供帮助。

编　者

目　录

真题试卷

押题试卷

参考答案及解析单独成册

真题试卷

2021年江苏省南京市教师招聘考试公共知识真题试卷(一)

(满分60分　时间60分钟)

本套试卷共28小题,包括单项选择题(20小题)、判断题(6小题)、简答题(2小题)。

一、单项选择题(下列每小题列出的四个选项中只有一个是最符合题意的,请将其代码填在括号内。错选、多选或未选均不得分。本大题共20小题,每小题2分,共40分)

1. 中国特色社会主义最本质的特征是(　　)

A. 中国共产党领导　　B. 社会主义制度

C. 人民代表大会制度　　D. 政治协商制度

2. 中国共产党第十九届中央委员会第五次全体会议提出,我国到2035年基本实现(　　)的远景目标。

A. 社会主义现代化　　B. 中华民族伟大复兴的中国梦

C. 全面建成小康社会　　D. 建成社会主义现代化强国

3. 面对新冠肺炎疫情,中国人民以行动诠释了伟大的抗疫精神。其中,(　　)集中体现了中国人民深厚的仁爱传统和中国共产党人以人民为中心的价值追求。

A. 命运与共　　B. 举国同心　　C. 舍生忘死　　D. 生命至上

4. "迄今为止,我国自主建设运行的规模最大、覆盖范围最广、服务性能要求最高的基础设施顺利开通。"这段文字所报道的科技成果是(　　)

A. "嫦娥五号"探测器　　B. 北斗全球卫星导航系统

C. "天问一号"探测器　　D. "奋斗者"号载人潜水器

5. 《中国的粮食安全》白皮书指出,中国依靠自身力量端牢自己的饭碗,实现了由"吃不饱"到"吃得饱",再到"吃得好",这归根结底取决于(　　)

A. 转变农业发展方式　　B. 提高耕地产出效率

C. 促进农民收入增加　　D. 稳定粮食种植面积

6. 山脉常常成为气候分界线。以下四个山脉中,(　　)是暖温带和亚热带的分界线。

A. 昆仑山　　B. 南岭　　C. 太行山　　D. 秦岭

7. 根据《中华人民共和国婚姻法》规定,结婚的必备条件为:结婚必须男女双方完全自愿,不许任何一方对他方加以强迫或任何第三者加以干涉。结婚年龄,男不得早于________周岁,女不得早于________周岁。晚婚晚育应予鼓励。(　　)

A. 20;18　　B. 22;20　　C. 24;22　　D. 26;24

8. 1000克含水量96%的新鲜木耳,经晾晒后水分蒸发了一些,含水量降为92%,其质量变为(　　)克。

A. 880　　B. 500　　C. 480　　D. 250

9. 《学记》中"君子之教,喻也"体现的教学原则是(　　)(常考)

A. 启发性原则　　B. 巩固性原则

C. 循序渐进原则　　D. 因材施教原则

10. 在引导学生复习回顾"三角形"的概念、性质、研究方法等内容后,再指导学生学习"等腰三角形"。这一做法符合著名教育心理学家奥苏贝尔学习理论中的(　　)策略。(常考)

A. 项目学习　　B. 元认知　　C. 表现性学习　　D. 先行组织者

11. 学习行知精神、斯霞品格,是南京特有的教育文化。斯霞的(　　)是中国教育的宝贵财富。

A. 童心母爱　　B. 情境教学

C. 生活教育　　D. 儿童德育

12. 星罗密布的历史遗迹,灿若星河的文化典籍都是古都南京的靓丽名片。下列选项中匹配正确的是(　　)

①玄武湖——帝王习武地,金陵秀色处　②明孝陵——南朝名僧塔,明帝御迁地

③阅江楼——齐梁拜梅亭,今朝赏梅地　④夫子庙——六朝金粉地,十里秦淮河

A. ①③　　B. ①④　　C. ②③　　D. ③④

13. 京剧中的"旦"角是京剧中扮演各种不同年龄、性格、身份的女性的一类角色的总称。其中天真烂漫、活泼开朗的是(　　)

A. 正旦　　B. 彩旦　　C. 花旦　　D. 刀马旦

14. 晕车时,有的人会心慌、呕吐、头晕、耳鸣,这些现象常在乘车数分钟后发生,这是因为体内的平衡感受器受到了刺激。这个感受器位于(　　)里。

A. 心脏　　B. 小脑　　C. 耳朵　　D. 胃

15. 中国象棋用具简单,趣味性强,流行广泛,有着悠久的历史。其棋盘共有(　　)个交叉点。

A. 70　　B. 80　　C. 90　　D. 100

16. 在思考和解决问题的过程中,人们通常从多种解决途径中选择最佳方案。这种思维方式属于(　　)

A. 聚合思维　　B. 发散思维　　C. 经验思维　　D. 创造性思维

17. 游览过南京长江大桥的人,会在头脑中再现出该大桥的形象。这种形象在心理学上称为(　　)(常考)

A. 后象　　B. 表象　　C. 应激　　D. 联想

大贡献、建立卓越功勋的杰出人士。下列人士中哪些是获得者(　　)

A. 于敏　　B. 孙家栋

C. 屠呦呦　　D. 李延年

66. 十九大报告为新时代中国特色社会主义发展作出了新的战略安排。在全面建成小康社会之后,对党和国家事业发展的新目标的安排,下列表述正确的有(　　)

A. 第一个阶段,到2025年,基本实现社会主义现代化

B. 第一个阶段,到2035年,基本实现社会主义现代化

C. 第二个阶段,到本世纪中叶,把我国建成富强民主文明和谐美丽的社会主义现代化国家

D. 第二个阶段,到本世纪中叶,把我国建成富强民主文明和谐美丽的社会主义现代化强国

67. 中国特色社会主义进入新时代,下列表述正确的有(　　)

A. 我国社会主要矛盾已经转化为人民日益增长的美好生活需要和不平衡不充分的发展之间的矛盾

B. 我国仍处于并将长期处于社会主义初级阶段的基本国情没有变

C. 中国特色社会主义的本质要求和重要保障是全面依法治国

D. 党的作风建设是党的根本性建设

68. 下列哪些选项体现了唯物辩证法的思想(　　)

A. 白马非马　　B. 唇亡齿寒

C. 一着不慎,满盘皆输　　D. 前事不忘,后事之师

69. 下列选项是《新时代中小学教师职业行为十项准则》提到的行为要求有(　　)

A. 不得违反教学纪律,敷衍教学

B. 不得擅自从事影响教育教学本职工作的兼职兼薪行为

C. 不得在教育教学活动中遇突发事件、面临危险时,不顾学生安危,擅离职守,自行逃离

D. 不得组织、参与有偿补课

70. 习近平总书记对广大教师提出的“四个引路人”是(　　)

A. 做学生锤炼品格的引路人,做学生学习知识的引路人

B. 做学生学习知识的引路人,做学生热爱祖国的引路人

C. 做学生思想品格的引路人,做学生创新思维的引路人

D. 做学生创新思维的引路人,做学生奉献祖国的引路人

71. 下列选项是《中小学教师职业道德规范》的内容的有(　　)(常考)

A. 不得有违背党和国家方针政策的言行

B. 不讽刺、挖苦、歧视学生,不体罚或变相体罚学生

C. 不以分数作为评价学生的唯一标准

D. 不得从事社会兼职

72. 下列选项属于未成年人的父母或者其他监护人应当履行的监护职责的是(　　)

A. 教育和引导未成年人遵纪守法、勤俭节约,养成良好的思想品德和行为习惯

B. 保障未成年人休息、娱乐和体育锻炼的时间,引导未成年人进行有益身心健康的活动

C. 关注未成年人的生理、心理状况和情感需求

D. 尊重未成年人受教育的权利,妥善管理和保护未成年人的财产

73. 中华人民共和国教育部在《学生伤害事故处理办法》中提到学校无责的情形有(　　)

A. 在学生自行上学、放学、返校、离校途中发生的

B. 在学生自行外出或者擅自离校期间发生的

C. 在放学后、节假日或者假期等学校工作时间以外,学生自行滞留学校或者自行到校发生的

D. 在对抗性或者具有风险性的体育竞赛活动中发生意外伤害的

74. 习近平同志高度重视教育工作,在他的关于教育的论述中提到:“要加强师德师风建设,(　　),坚持潜心问道和关注社会相统一,坚持学术自由和学术规范相统一,引导广大教师以德立身、以德立学、以德施教。”

A. 坚持立德树人　　B. 坚持党的领导

C. 坚持教书和育人相统一　　D. 坚持言传和身教相统一

75. 根据《事业单位岗位设置管理试行办法》的规定,可以将事业单位岗位分为(　　)

A. 管理岗位　　B. 临时聘用岗位

C. 专业技术岗位　　D. 工勤技能岗位

76. 随着人工智能科技的飞速发展,人类大脑不仅可以控制自身身体,还可以通过电脑读取人脑电波,让大脑意念控制机械手随人的需要而动,让众多残疾人士受到益处。下列说法正确的有(　　)

A. 电脑与人脑的功能趋同

B. “意念”是人脑对客观事物的反映

C. 人脑能够将意念直接变为现实

D. 正确认识客观规律能够造福人类

77. 国家课程标准是(　　)的依据,是国家管理与评价课程的基础。(常考)

A. 教学　　B. 教材编写　　C. 评估　　D. 考试命题

78. 下列选项属于新课程改革的内容的是(　　)(常考)

A. 整体设置九年一贯的义务教育课程

B. 初中阶段设置分科与综合相结合的课程

C. 高中以分科课程为主

D. 从小学至高中设置综合实践活动课程并作为必修课程

79. 下列选项属于一堂好课的要求的有(　　)

A. 能引导学生积极、主动地参与学习

B. 为学生的主动建构提供学习材料、时间以及空间上的保障

C. 必须以完成学习任务为前提

D. 使学生获得对该学科学习的积极体验与情感

80. 缺

81. 下列选项属于马斯洛的需要层次理论的是(　　)(常考)

A. 生存、生活需要　　B. 生理需要、安全需要

C. 社交需求、尊重需要　　D. 自我实现的需要

82. 下列选项体现教学方法的选用依据的有(　　)

A. 教学的目的和任务　　B. 教学内容的性质和特点

C. 教学对象的实际情况　　D. 教学方法的类型与功能

83. 建构主义学习理论的观点有(　　)(易错)

A. 学习是学习者在原有知识经验的基础上,学习者主动地建构内部心理表征的过程

B. 知识并不能精确地概括世界的法则,而是需要针对具体情境进行再创造

C. 知识结构并不是直线结构或层次结构,而是围绕关键概念而建构起来的网络结构的知识

D. 以了解某个别范例的事实为目标,使学生解决从不知到知或从不确定到确定的问题

84. 缺

85. 我国《义务教育法》中关于教师尊重学生平等受教育权的规定有(　　)

A. 教师在教育教学中应当平等对待学生,关注学生的个体差异,因材施教,促进学生的充分发展

B. 教师应当尊重学生的人格,不得歧视学生,不得对学生实施体罚、变相体罚或者其他侮辱人格尊严的行为,不得侵犯学生合法权益

C. 改善薄弱学校的办学条件

D. 保障农村地区、贫困地区、少数民族地区实施义务教育

86. 我国《义务教育法》(第五十七条)对学校的违法行为作了规定,属于本条规定的选项有(　　)

A. 拒绝接收具有接受普通教育能力的残疾适龄儿童、少年随班就读的

B. 分设重点班和非重点班的

C. 违反本法规定开除学生的

D. 选用未经审定的教科书的

87. 下列哪些属于延安整风运动的内容(　　)

A. 反对主观主义　　B. 反对宗派主义

C. 反对党八股　　D. 反对教条主义

88. 我国《义务教育法》中关于学校德育的规定和要求有(　　)

A. 把德育放在首位

B. 寓德育于教育教学之中

C. 把德育渗透到学校的各项活动中

D. 形成学校、家庭、社会相互配合的思想道德教育体系

89. 下列行为属于《中华人民共和国预防未成年人犯罪法》中规定的不良行为的有(　　)(易混)

A. 吸烟、饮酒

B. 多次旷课、逃学

C. 沉迷网络

D. 非法携带枪支、弹药或者弩、匕首等国家规定的管制器具

90. 教育部关于印发《大中小学劳动教育指导纲要(试行)》中提出劳动教育的总体目标是(　　)

A. 树立正确的劳动观念

B. 具有必备的劳动能力

C. 培育积极的劳动精神

D. 养成良好的劳动习惯和品质

2021年江苏省淮安市淮安区教师招聘考试教育基础知识真题试卷(四)

(满分20分 时间20分钟)

本套试卷共19小题,包括填空题(4小题)、单项选择题(7小题)、判断题(8小题)。

一、填空题(在下列每小题的空格中填上正确答案。填错、不填均不得分。本大题共4小题,每空1分,共5分)

1. ________是教师的第一要务,是教师职业区别于其他任何职业的根本所在。

2.《中小学教师职业道德规范(2008年修订)》包括爱国守法、爱岗敬业、关爱学生、教书育人、________、________六个方面。

3. 新课程改革中提出的课程“三维目标”是________、过程与方法、情感态度与价值观。(常考)

4.《中华人民共和国未成年人保护法》(2020年修订)自2021年________月1日起施行。

二、单项选择题(在下列每小题列出的四个选项中只有一个是最符合题意的,请将其代码填在括号内。错选、多选或未选均不得分。本大题共7小题,每小题1分,共7分)

1. 在认真听课的课堂上,举手或站立的学生容易成为教师的知觉对象。这反映了人的知觉具有(   )(常考)

A. 选择性　B. 整体性　C. 理解性　D. 恒常性

2. 直观行动思维活动的典型方式是(   )

A. 分析综合　B. 推理演绎

C. 尝试错误　D. 逻辑整合

3. 培养机智、敏锐和自信心,防止疑虑、孤独,这些教育措施主要是针对(   )(易混)

A. 胆汁质的学生　B. 多血质的学生

C. 黏液质的学生　D. 抑郁质的学生

4. 新课程改革的核心理念是(   )(常考)

A. 立德树人　B. 以人为本

C. 教学探究　D. 开拓创新

5. 使得青少年时期更有可能出现不良行为问题的教养类型是(   )

A. 民主—权威型　B. 专断型

C. 放纵型　D. 忽视型

6. 直接推动学生的个体活动,以达到一定目的的内在动力和直接原因是(   )

A. 需要　B. 兴趣

C. 动机　D. 信念

7. 重新组织已有的知识经验,提出新的方案或程序,并产生出新的思维成果的思维活动是(   )

A. 集中思维　B. 创造思维

C. 直觉思维　D. 分析思维

三、判断题(判断下列各题的正误,并在题后的括号内打“√”或“×”。本大题共8小题,每小题1分,共8分)

1. 新课程改革要求学习方式和教学方式的转变,改变课程过于注重知识传授的倾向。(   )

2. 中小学分快慢班教学有利于因材施教。(   )

3. 迁移是一种学习对另一种学习的积极影响。(   )

4. 校园欺凌仅指在校园内发生的学生之间的欺负、侮辱行为。(   )

5. 中国学生发展核心素养分为文化基础、自主发展、社会参与三个方面。(   )

6.《中华人民共和国义务教育法》规定:学校不得违反国家规定收取费用,不得以向学生推销或者变相推销商品、服务等方式谋取利益。(   )

7. 学习后要及时复习的理论依据是社会学习论。(   )

8. 捡到钱后,既想拾金不昧又想当零花钱使用,这属于原则性冲突。(易错)(   )

2020年江苏省南京市教师招聘考试公共知识真题试卷(精编)(五)

本套试卷共28小题,目前已收录26小题,包括单项选择题(18小题)、判断题(6小题)、简答题(2小题)。

一、单项选择题(下列每小题列出的四个选项中只有一个是最符合题意的,请将其代码填在括号内。错选、多选或未选均不得分。本大题共18小题,每小题2分,共36分)

1.《新时代爱国主义教育实施纲要》指出,爱国主义是中华民族的民族心、民族魂,坚持把(　　)作为鲜明主题。

A. 实现中华民族伟大复兴的中国梦　　B. 维护祖国统一和民族团结

C. 促进人民和平与发展的崇高事业　　D. 国情教育和形势政策教育

2. 党的十九大报告指出,要全面贯彻党的教育方针,落实(　　)根本任务,发展素质教育,推进教育公平,培养德智体美全面发展的社会主义建设者和接班人。

A. 以人为本　　B. 合作创新

C. 立德树人　　D. 提高质量

3. “学而时习之,不亦说乎”出自(　　)

A.《孟子》　　B.《礼记》　　C.《尚书》　　D.《论语》

4. 中华人民共和国成立70周年时对部分战犯特赦,以下正确的是(　　)

①新中国成立后的第八次特赦

②国家主席签署发布特赦令

③全国人大常委会行使决定特赦的职权

④特赦需经人民法院裁定

A. ①②③　　B. ①②④　　C. ①③④　　D. ②③④

5. 2019年12月20日,南京市委市政府召开发布会,就南京已通车过江通道名称更名进行通报,依据过江通道附近地名,以下更名简称正确的是(　　)(易混)

A. 南京长江二桥更名为大胜关大桥

B. 南京长江三桥更名为江心洲大桥

C. 南京长江四桥更名为栖霞山大桥

D. 南京长江隧道更名为定淮门隧道

6. 南京,一座历史悠久的文化名城,以下描写南京的诗歌有(　　)(易错)

①南朝四百八十寺,多少楼台烟雨中

②终古高云簇此城,秋风吹散马蹄声

③烟笼寒水月笼沙,夜泊秦淮近酒家

④吴宫花草埋幽径,晋代衣冠成古丘

A. ①②③　　B. ①②④　　C. ①③④　　D. ②③④

7. 在蜻蜓翅膀末端的前缘,有一块加厚而发暗的色素斑,生物学上称之为“翅痣”,其作用是(　　)

A. 吸收太阳光能,为不间断的飞行提供源源不断的动力

B. 调整翅膀的振动,减弱飞行过程中翅膀上的有害振动

C. 像人的眼睛一样,通过吸收红外线来获取外界信息

D. 发出超声波,通过吸收反射波辨别方位,给飞行导航

8. 下列选项中未列入我国空气质量监测的物质是(　　)

A. CO_2　　B. NO_2　　C. SO_2　　D. 可吸入颗粒物

9. 2019年1月3日,“嫦娥四号”探测器在月球背面成功着陆,并进行科学探测实验,它所获得的科学数据与信息通过(　　)传播到地球接收站。

A. 机械波　　B. 次声波

C. 电磁波　　D. 可听见声波

10. 初学骑车的人总是注意力很集中,像这样有预定目的、需要一定意志努力的注意称为(　　)(常考)

A. 有意注意　　B. 有意后注意

C. 无意注意　　D. 不随意注意

11. 下列对应关系中正确的是(　　)

A. 构造主义心理学——斯金纳　　B. 行为主义心理学——冯特

C. 人本主义心理学——安吉尔　　D. 机能主义心理学——杜威

12. 倡导“生活即教育”,“社会即学校”,“教学做合一”三大主张,被毛泽东称为“伟大的人民教育家”的是(　　)(常考)

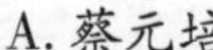

A. 蔡元培　　B. 晏阳初

C. 陶行知　　D. 陈鹤琴

13. 知识学习的认知过程主要是思维过程,正是思维在学习过程中的概念化或类型化的活动,才使人们弄懂了所觉察到的大堆杂乱的事实。该观点属于(　　)

A. 联结理论　　B. 条件反射学说

C. 认知理论　　D. 人本主义学习观

14. 学习“三角形”这一概念，就是掌握所有三角形都具有三条相连接的边和三个角这样两个共同的关键特征，而与它的大小、形状、颜色等特征无关。这种学习属于(　　)

A. 表征学习　　B. 概念学习

C. 命题学习　　D. 原理学习

以下是新入职的唐老师在教育教学活动中的场景，根据题目描述回答15～16题。

15. 第一次进教室，唐老师十分注意着装和言谈举止，因此给学生留下了良好印象。学生认为魅力十足的唐老师教学能力一定非常强，这种认可属于(　　)

A. 首因效应　　B. 晕轮效应

C. 投射效应　　D. 近因效应

16. 在课堂上，唐老师让已经掌握知识的学生上台讲解，结束后讲解的学生发现自己有了新的认识。这体现的原则是(　　)(易错)

A. 教学相长　　B. 长善救失

C. 启发诱导　　D. 学不躐等

17. 小吴在绘画上有天赋，语文、数学学科较弱，经常自卑。老师对小吴的学习能力进行分析，赞美其绘画特长，帮助他树立信心。结合多元智力理论，以下正确的是(　　)

A. 该同学言语智力强　　B. 该同学视觉—空间智力强

C. 不同智力类型能互相转换　　D. 智力类型具有绝对独立的特点

18. 小明经常迟到，于是老师周末家访，以下错误的是(　　)

A. 家庭教育不可缺位　　B. 家校共育十分必要

C. 家访是家校沟通的渠道　　D. 学校教育是家庭教育的补充

二、判断题(判断下列各题的正误，并在题后的括号内打“√”或“×”。本大题共6小题，每小题1分，共6分)

19. 提高课堂效率是减负的重要途径。(　　)

20. 用语言教授的接受学习是被动机械的。(常考)(　　)

21. 一般而言，高焦虑对能力高的学生学习有利，对能力低的学生学习不利。(　　)

22. 学校是社会的基本细胞，是道德养成的起点。(　　)

23. 教师通过展示实物、教具和示范性实验来让学生掌握知识的教学方法是演示法。(　　)

24. 特殊儿童的教育更加注重儿童个别间与个别内在差异的存在，以适合个别化教学为原则。(　　)

三、简答题(第25小题6分，第26小题8分，共14分)

25. 2019年11月22日，教育部对外发布《中小学教师实施教育惩戒规则(征求意见稿)》。此征求意见稿一经发布就引起网络热议。在文人的笔下，教育惩戒充满着温度，也让他们难以忘怀。鲁迅先生回忆他的老师寿镜吾时说：“他有一条戒尺，但是不常用，也有罚跪的规则，但也不常用。”魏巍在《我的老师》中写道：“仅仅有一次，她的教鞭好像要落下来，我用石板一迎，教鞭轻轻地敲在石板边上，大伙笑了，她也笑了。”

作为一名教师，你如何看待和使用教师惩戒权。(6分)

26. 南京某学校周边野菜资源丰富，芦蒿、马兰头、枸杞头等8种野菜最有名。学校组织“八野”资源主题活动，安排学生参观种植基地，听人讲解野菜生长属性、种植方法、管理养护等知识；在校内开辟“八野”种植园，开挖、平整、种植、养护，全由学生自己完成；定期开展“八野”绘画比赛、摄影比赛、知识竞赛；评选年度种植小能手和优秀观察日记；学科教学走进“八野”种植园，语文课引导写观察日记，科学课制作标本，美术课画八野园画卷，音乐课传唱自编歌曲、跳自编舞，实践活动课包饺子、炒芦蒿……

请概括该学校教育教学工作的特点及价值。(8分)

2020年江苏省宿迁市宿豫区教师招聘考试真题试卷(六)

(满分50分　时间50分钟)

本套试卷共38小题,包括单项选择题(27小题)、填空题(8小题)、简答题(3小题)。

一、单项选择题(下列每小题列出的四个选项中只有一个是最符合题意的,请将其代码填在括号内。错选、多选或未选均不得分。本大题共27小题,每小题1分,共27分)

1. 我国历史上最早提出"教学相长"的著作是(　　)

A.《大学》　B.《中庸》　C.《春秋》　D.《学记》

2.《礼记·学记》中提出"不陵节而施"。这体现的是教学的(　　)原则。

A. 启发性　B. 因材施教　C. 循序渐进　D. 巩固性

3. 下列反映亚里士多德教育思想的著作是(　　)

A.《理想国》　B.《政治学》

C.《论演说家的培养》　D.《民主主义与教育》

4. 苏格拉底的"产婆术"体现了教学的(　　)原则。(常考)

A. 直观性　B. 循序渐进　C. 启发性　D. 巩固性

5. "学而时习之"体现的是(　　)教学原则。

A. 理论联系实际　B. 启发性　C. 循序渐进　D. 巩固性

6. 提出"范例教学"的教育家是(　　)

A. 瓦·根舍因　B. 布鲁纳　C. 巴班斯基　D. 赞科夫

7. 教学目标是预期学生通过教学活动获得的(　　)

A. 思维品质　B. 学习内容　C. 学习结果　D. 知识技能

8. 推动教育学发展的内在动力是(　　)(易混)

A. 教育规律　B. 教育价值　C. 教育现象　D. 教育问题

9. 素质教育的时代特征是(　　)

A. 面向全体学生　B. 促进学生全面发展

C. 促进学生个性发展　D. 培养学生的创新精神

10. 教育教学中"一刀切"的现象违背了个体身心发展的(　　)

A. 阶段性　B. 顺序性　C. 不平衡性　D. 差异性

11. 个体身心发展的某一方面机能和能力最适宜形成的时期是(　　)

A. 发展关键期　B. 机能期　C. 发展期　D. 差异期

12. 遗传素质是人身心发展的(　　)(易混)

A. 主导因素　B. 决定因素　C. 物质前提　D. 次要因素

13. 人们常说的"聪明早慧""大器晚成"是指个体身心发展具有(　　)

A. 互补性　B. 个别差异性

C. 不平衡性　D. 阶段性

14. 结构主义课程论的代表人物是(　　)

A. 杜威　B. 怀特海　C. 布鲁纳　D. 克伯屈

15. 班主任工作的中心环节是(　　)

A. 了解和研究学生　B. 组织班会活动

C. 建立学生档案　D. 组织和培养班集体

16.《义务教育数学课程标准(2011年版)》要求评价结果的呈现应采用定性与定量相结合的方式。第一学段的评价应当以(　　)评价为主。

A. 描述性　B. 等级

C. 百分制　D. 描述性和等级相结合

17. 儿童有不知足、不安全、忧虑、退缩、怀疑、不喜欢与同伴交往等特点,这最有可能是在(　　)教养方式下形成的。

A. 放纵型　B. 专制型　C. 民主型　D. 自由型

18. "月明星稀"是感觉的(　　)现象。(常考)

A. 适应　B. 对比　C. 后像　D. 视觉障碍

19. 在马斯洛需要层次理论中,最高层次的需要是(　　)

A. 安全的需要　B. 归属与爱的需要

C. 自我实现的需要　D. 尊重的需要

20. 有些学生在回答问题的时候,往往思考时间较长且错误较少,这与他的认知方式有关。这种认知方式为(　　)

A. 辐合型　B. 发散型　C. 沉思型　D. 冲动型

21. 瑞士心理学家荣格把性格分为(　　)

A. 独立型与顺从型　B. 文化型与社会型

C. 内倾型与外倾型　　D. 场独立型与场依存型

22. 现代认知心理学把记忆系统分为瞬时记忆、短时记忆和(　　)

A. 长时记忆　　B. 内隐记忆

C. 操作记忆　　D. 形式记忆

23. 最早提出著名的遗忘曲线的心理学家是(　　)

A. 冯特　　B. 巴甫洛夫

C. 艾宾浩斯　　D. 弗洛伊德

24. 根据埃里克森的人格发展阶段论,中学生人格发展的主要任务是(　　)(常考)

A. 发展勤奋感　　B. 培养主动性

C. 形成亲密感　　D. 建立自我同一性

25. 由于反映活动的形式不同,知识可以分为陈述性知识与(　　)

A. 程序性知识　　B. 实用的知识

C. 直观的知识　　D. 可应用的知识

26. 高水平的学生在测验中能得高分,低水平的学生在测验中能得低分。这说明测验的(　　)质量指标高。

A. 信度　　B. 效度　　C. 区分度　　D. 难度

27.《学校体育工作条例》颁发于(　　)

A. 1990 年　　B. 1991 年

C. 1992 年　　D. 2000 年

二、填空题(在下列每小题的空格中填上正确答案。错填、不填均不得分。本大题共 8 小题,每小题 1 分,共 8 分)

1. 学生是学习的________,教师是学习的组织者、引导者与________。

2. 学习评价的主要目的是________。

3.《基础教育课程改革纲要(试行)》指出,国家课程标准是教材编写、教学、评估和________的依据,是国家管理和评价课程的基础。

4. 教育必须为社会主义现代化建设服务,必须与________相结合。

5. 向未成年人出售烟酒,或者没有在显著位置设置不向未成年人出售烟酒标志的经营者,主管部门依法可给予其________。

6. 学科课程、活动课程及________是学校课程的基本类型。

7. 17 世纪,教育学家________首先从理论上对班级授课制这种新的教学组织形式进行了研究。

8. 杜威的代表作是________。(常考)

三、简答题(本大题共 3 小题,每小题 5 分,共 15 分)

1. 2008 年修订的《中小学教师职业道德规范》中规定的教师职业道德的主要内容是什么?(常考)

2. 根据学生个体身心发展的规律,教育者应该采用什么样的策略?

3. 结合教师角色的多样性,请你谈谈学生喜欢的教师的特征。

2020年江苏省常州市国家高新区(新北区)教师招聘考试真题试卷(七)

(本套试卷仅收录教育综合知识的试题)

本套试卷共25小题,包括填空题(9小题)、单项选择题(10小题)、简答题(5小题)、案例分析题(1小题)。

一、填空题(在下列每小题的空格中填上正确答案。错填、不填均不得分。本大题共9小题,每小题1分,共9分)

1. 从横向看,教育的基本形式有家庭教育、______和社会教育。
2. 师德的灵魂是______。(常考)
3. 《中华人民共和国义务教育法》颁布于______。
4. 中国历史上最早提出"教学相长"的著作是______。
5. 小学生思维以______思维方式为主,这是小学教学中必须贯彻直观性教学原则的依据。
6. 教学是______共同组成的双边活动。
7. 从提升教师的人格品位和追求教育意义效果的角度来说,教师要有______。
8. 第八次课程改革以促进学生发展为宗旨,加强课程的______是各国课程改革的共同趋势。(易错)
9. 具有核心意义的个性心理特征是______。

二、单项选择题(在下列每题四个选项中只有一个是符合题意的,将其选出并把它的标号写在括号内。错选、多选或未选均不得分。本大题共10小题,每小题1分,共10分)

10. 加强师德建设是具有社会意义的重要工程,是贯彻(　　)的现实需要。(易混)

A. 依法治国　B. 以德治国　C. 以人为本　D. 均衡发展

11. 教育学作为一门独立的学科萌芽于(　　)的《大教学论》。

A. 杜威　B. 赫尔巴特
C. 裴斯泰洛齐　D. 夸美纽斯

12. 我国教师法对教师的身份定位是(　　)

A. 公务员　B. 知识分子　C. 专业人员　D. 国家干部

13. 教师在教育工作中要做到循序渐进,这是因为(　　)

A. 学生只有机械记忆的能力
B. 教学活动中要遵循人的身心发展的一般规律
C. 教师的学识能力有差别
D. 教育活动完全受到人的遗传素质的制约

14. 教师必须十分重视自身的发展,做到以身作则、为人师表。这体现了教师劳动的哪一特点(　　)

A. 复杂性和创造性　B. 连续性和广延性
C. 长期性和间接性　D. 主体性和示范性

15. 教学工作的中心环节是(　　)(常考)

A. 上课　B. 备课
C. 课堂练习　D. 学业成绩的检查与评定

16. 课堂管理始终制约着教学和评价的有效进行,具有(　　)

A. 维持动机作用　B. 促进和维持功能
C. 思想教育作用　D. 培养纪律功能

17. 教师在向学生讲"雪花"这一事物时,采用观看录像带并向空中抛洒大量碎纸片的方式,以引导学生体会下雪的场景。这种直观手段是(　　)(常考)

A. 实物直观　B. 模像直观　C. 言语直观　D. 虚拟直观

18. (　　)的特点是能够用动作或步骤显示出来,但却不容易用语言加以描述。

A. 陈述性知识　B. 程序性知识　C. 感性知识　D. 理性知识

19. 苏联教育家苏霍姆林斯基说:"假如孩子离开你时是灰色的、无个性的,那就意味着你没有在他身上留下任何东西,对于一个教师来说恐怕没有比这种结局更令人痛心了。因为,我们称之为'教育'的一切,正是在人身上再现自己的一种伟大的创造。"这段话反映了(　　)对学生成长的重要影响。(易错)

A. 教学方法　B. 教学风格　C. 教学艺术　D. 教学内容

三、简答题(本大题共5小题,每小题4分,共20分)

20. 简述美国教育家波斯纳提出的"教师成长=经验+反思"的含义。

21. 为什么学校教育工作必须坚持以教学为主?

22. 如何培养学生的问题意识?

23. 师生关系的本质是一种人际关系,我国社会主义新型师生关系有哪些特点?(常考)

24. 如何提高课堂教学效率?

四、案例分析题(本大题共10分)

25. 李铭是一名初二学生,平时学习不认真,常常违反学校规定。假期结束后,李铭返校上学时还以学习需要用手机的名义将手机带到学校。一天,李铭在课堂上用手机给班上的女同学发暧昧信息,被正在上课的邓老师发现并收缴了手机。邓老师非常生气,当着全体学生将李铭给女同学发的信息内容进行了宣读,同时对李铭进行了严厉地批评,并指责其"思想堕落,道德败坏"。下课后,李铭要求邓老师归还手机,邓老师说:"这是罪证,不能归还给你,我要把它交给学校德育处处理。"

(1)请根据案例,列出邓老师在教育李铭同学过程中的不当之处。(5分)

(2)请提出你的教育方案。(5分)

2019年江苏省南京市教师招聘考试公共知识真题试卷(八)

(满分60分　时间60分钟)

本套试卷共28小题,包括单项选择题(20小题)、判断题(6小题)、简答题(2小题)。

一、单项选择题(下列每小题列出的四个选项中只有一个是最符合题意的,请将其代码填在括号内。错选、多选或未选均不得分。本大题共20小题,每小题2分,共40分)

1. 庆祝改革开放四十周年大会于2018年12月18日在北京召开。习近平总书记在大会上指出,______,是五四运动以来我国发生的三大历史性事件,是近代以来实现中华民族伟大复兴的三大里程碑。(　　)(常考)

①建立中国共产党　②中国人民取得抗日战争的伟大胜利

③成立中华人民共和国　④推进改革开放和中国特色社会主义事业

A. ①②③　B. ①②④　C. ①③④　D. ②③④

2. 2018年9月10日,习近平总书记在全国教育大会上发表重要讲话时强调,(　　)是教育的首要问题。

A. 培养什么人　B. 怎样培养人

C. 为谁培养人　D. 坚持立德树人

3. 江苏省教育厅要求全省中小学教师于2018年11月30日前,签署统一制定的《江苏省中小学教师拒绝有偿补课公开承诺书》。实施这一举措,有助于(　　)

①营造风清气正的教书育人环境　②缩小教师收入差距,缓解学生压力

③弘扬教育正能量和教师新风范　④维护教师职业形象,规范从教行为

A. ①②③　B. ①②④　C. ②③④　D. ①③④

4. 2018年11月8日,教育部颁布《中小学教师违反职业道德行为处理办法(2018年修订)》。其中第三条规定,对教师违反职业道德的行为视情节轻重分别给予相应处分和其他处理。处分包括(　　)

①责令检查　②通报批评　③警告

④记过　⑤降低岗位等级或撤职　⑥开除

A. ①②③④　B. ③④⑤⑥　C. ①③④⑥　D. ②③④⑤

5. 我国古代圣贤对教育有很多精辟见解。下列观点与提出者不匹配的是(　　)(易混)

A. 因材施教,有教无类——孔子　B. 敬则天理常明——朱熹

C. 尽信书,则不如无书——老子　D. 善学者尽其理——荀况

6. 孙中山在《建国方略》中赞美南京"其位置乃在一美善之地区"。俗语说,春游"牛首烟岚",夏赏"钟阜晴云",秋登"栖霞胜境",冬观"石城霁雪",可见南京的风景美不胜收。其中"钟阜"是指(　　)

A. 狮子山　B. 将军山　C. 紫金山　D. 幕府山

7. 南京城南民居传承了徽派古建筑风格,木雕石刻精美,也兼具太湖流域建筑风貌,注重厅堂梁架的细部雕琢。其中有一座保存较为完整、至今不多见的古宅,俗称"九十九间半"。这个古宅是指(　　)

A. 朝天宫　B. 半山园　C. 王谢故居　D. 甘熙故居

8. 五线谱是世界各国普遍采用的记谱法。它的发明使许多不朽的音乐名作得以流传下来。五线谱的发源地是(　　)

A. 希腊　B. 意大利　C. 德国　D. 奥地利

9. 在(　　)时期,我国采用纸张取代简牍成为最主要的书写材料。

A. 战国　B. 魏晋南北朝　C. 秦汉　D. 隋唐

10. 京剧是我国国粹之一。京剧中的脸谱使人物的性格一目了然。红色脸谱一般代表(　　)

A. 刚正威严　B. 忠勇正直　C. 铁面无私　D. 骁勇凶暴

11. 生活常识需要基于科学认知。下列说法正确的是(　　)

A. 绿色食品是指颜色为绿色的食品　B. 白色污染是指白色废弃物的污染

C. 加碘盐是指食盐中加入了碘酸钾　D. 有机食品是指富含有机物的食品

12. 物理学家爱因斯坦预测了引力波的存在。(　　)产生引力波的证据,被视为爱因斯坦广义相对论的有力证明。

A. 陨石雨　B. 太阳黑子运动

C. 黑洞合并　D. 宇宙大爆炸

13. 苏霍姆林斯基在《给教师的一百条建议》一书中指出,教师手中最精细、最有灵性、最锐利而又不十分安全的工具是(　　)

A. 思想教育　B. 惩罚　C. 个别谈话　D. 评分

14. 教育家维果茨基提出"教学应走在发展前面"的具体含义是指(　　)(常考)

A. 教学要考虑儿童学习的最佳年龄

B. 提前讲授下一阶段的学习内容

C. 教学的重要任务是创造适切的最近发展区

D. 根据学生现有的水平组织教学

15. 课程专家泰勒在专著《课程与教学的基本原理》中提出的关于课程编制的四个问题,被称为泰勒原理。以下不属于泰勒原理的是(　　)(常考)

A. 学校应该达到哪些教育目标

B. 提供哪些教育经验才能实现这些目标

C. 怎样有效地删减这些教育经验

D. 怎样才能确定这些目标正在得到实现

16. 心理学家桑代克(E. L. Thorndike)提出的联结试误学习理论认为,试误学习通常遵循一些基本学习规律。以下不属于试误学习基本规律的是(　　)

A. 效果律　　B. 练习律　　C. 遗忘律　　D. 准备律

17. 心理学研究表明,学习动机强度与问题解决效果之间的关系可以描绘成(　　)(常考)

A. 倒"U"型曲线　　B. 波浪线

C. "U"型曲线　　D. 双曲线

18. 教师认为某些学生有较高的发展潜力因而对他们投入更多的教育关注,这类学生往往表现出较其他学生更快的发展。这种现象被称为(　　)

A. 马太效应　　B. 罗森塔尔效应

C. 高原效应　　D. 蝴蝶效应

19. 教师不仅要传授学生科学文化知识、训练技能、发展智力与培养能力,还要培养学生一定的思想品德,并促进其心理健康。这说明教师的劳动具有(　　)的特点。

A. 示范性　　B. 复杂性　　C. 主体性　　D. 创造性

20. 晓峰同学是学校排球队的主力队员,但不能自觉遵守课堂纪律。在班会上,老师请他向全班同学讲解排球竞赛规则和遵守规则的重要性,然后组织全班同学以此为例,讨论如何自觉维护课堂教学秩序,促进晓峰的行为发生转变。这种做法体现了德育的(　　)

A. 知行统一原则　　B. 家校合作原则

C. 个别教育原则　　D. 因势利导原则

二、判断题(判断下列各题的正误,并在题后的括号内打"√"或"×"。本大题共 6 小题,每小题 1 分,共 6 分)

21. 教育部颁布的《网络学习空间建设与应用指南》中的"网络学习空间",是指由教育部门或学校认定,融资源、服务、数据为一体,支持共享、交互、创新的实名制网络学习场所。(　　)

22. 循序渐进教学原则中的"序",是指学科内在的逻辑体系和学生的认知规律。(　　)

23. 考试评价中常说的"信度",是指评价工具能够测量到其所要测量的对象达到的程度。(　　)

24. 著名教育家陈鹤琴先生在"活教育"理论中提出,"大自然、大社会都是活教材"。(常考)(　　)

25. "STEM"课程是由科学、技术、艺术和数学等四门学科内容融合而成的课程。(　　)

26. 南京长江大桥历经 26 个月封闭维修后恢复通车。该桥是长江上第一座由中国自主建造的双层式公路和铁路两用桥。(　　)

三、简答题(第 27 题 6 分,第 28 题 8 分,共 14 分)

27. 小徐老师自踏上工作岗位,就勤于学习,善于钻研,主动变革。经过五年的探索与实践,逐渐形成自己的教学主张——让学生"学进去,讲出来"。为此,他在课堂上设置"自主先学,明确目标""合作助学,答疑解惑""拓展导学,举一反三""检测促学,查漏补缺""反思悟学,提升总结"等教学环节,引导学生在"自主学、合作学、质疑学"中,做到"学进去、讲出来、教别人"。

请列举小徐老师的教学主张蕴含的教学观。

28. 在庆祝改革开放 40 周年大会上,我国基础教育界代表于漪老师荣获"改革先锋"称号。回顾于漪老师 60 余年的教育历程,曾有这样一则案例:

有一次,于漪老师出差回来,看到给她代课的青年教师正准备去讲评作文。这位青年教师告诉于老师:"这次作文写《我的母亲》,女生孙文丽(化名)的作文写得感人至深,今天的作文讲评课,要请孙文丽读作文。"于老师立即问道:"征求过意见吗?"这位青年教师告之已经得到该生同意,于老师说:"她不大可能同意啊!再问问孩子吧。"话音未落,孙文丽怯生生地来到办公室,请求老师不要让她读作文。原来,于漪老师此前家访时了解到孙文丽的父母离异,妈妈重新组织了家庭。在这样的新家庭里,她对妈妈的感情比一般家庭的孩子要更深,因而作文就特别感人,但她不大愿意别的同学知道她生活在这样的家庭里。青年教师听了于漪老师的解释后,恍然大悟。

结合于漪老师与学生相处的教育行为,阐释其对青年教师成长的启示。

2019年江苏省徐州市经济技术开发区教师招聘考试教育理论基础真题试卷(九)

(满分100分　时间120分钟)

本套试卷共47小题,包括单项选择题(20小题)、判断题(10小题)、填空题(10小题)、简答题(4小题)、案例分析题(2小题)、论述题(1小题)。

一、单项选择题(下列每小题列出的四个选项中只有一个是最符合题意的,请将其代码填在括号内。错选、多选或未选均不得分。本大题共20小题,每小题1分,共20分)

1. 学习动机中最现实、最活跃的成分是(　　)

A. 学习目的　　B. 学习态度

C. 求知欲　　D. 学习方法

2. 学生在考试中因情绪紧张做不出来题,等考试结束后又能回答上来了,这叫(　　)遗忘。

A. 暂时性　　B. 一般性

C. 永久性　　D. 特殊性

3. 同一首歌曲,无论是男高音独唱还是女高音独唱,你都能辨认出来。这是因为人的知觉有(　　)(易混)

A. 选择性　　B. 整体性　　C. 理解性　　D. 恒常性

4. "月晕而风,础润而雨"反映了人的思维具有(　　)

A. 间接性　　B. 概括性

C. 灵活性　　D. 稳定性

5. 能够不屈不挠地克服困难,把决定贯彻始终,体现了意志行动的(　　)

A. 自觉性　　B. 果断性

C. 自制性　　D. 坚持性

6. 在背文章时,两边的内容容易记忆,中间的内容容易遗忘,可以解释这种现象的是(　　)(常考)

A. 痕迹衰退说　　B. 动机说

C. 倒摄抑制与前摄抑制　　D. 同化说

7. "橘生淮南则为橘,生于淮北则为枳"反映了(　　)对人发展的影响。

A. 遗传　　B. 环境

C. 教育　　D. 个人努力

8. "让学校的每一面墙壁都开口说话",这说明学校要充分运用(　　)(常考)

A. 陶冶教育法　　B. 榜样示范法

C. 实际锻炼法　　D. 品德评价法

9. 教师必须十分重视自身的发展,做到以身作则、为人师表。这体现了教师劳动的(　　)

A. 复杂性、创造性　　B. 连续性、广延性

C. 长期性、间接性　　D. 主体性、示范性

10. 不能遵守公认的正常行为规范和道德标准,不能正常与人交往和参与学习的行为,叫做(　　)

A. 差生行为　　B. 问题行为

C. 逆反行为　　D. 心理障碍

11. 2015年修订的《中华人民共和国义务教育法》规定,实施义务教育,不收(　　)(常考)

A. 学费　　B. 杂费

C. 学费、杂费　　D. 学费、杂费、住宿费

12. 在直观教学过程中,从不同角度和不同方面变换事物的非本质特征,以揭示事物的本质特征,即为(　　)

A. 日常概念　　B. 下定义

C. 概念获得　　D. 变式

13. (　　)是思维的基本过程。

A. 比较与分类　　B. 分析与综合

C. 抽象与具体　　D. 归纳与概括

14. 提出"从做中学"的教育家是(　　)

A. 杜威　　B. 布鲁纳

C. 夸美纽斯　　D. 陶行知

15. 关于人性的看法是教育的一个重要前提,下列关于人性的看法,正确的是(　　)

A. 人性无善无恶　　B. 人之初,性本恶

C. 人之初,性本善　　D. 人性是在社会中形成的

16. 正确的人生观是教师的立身之本。树立正确的人生观,明确人生意义的关键是(　　)

A. 处理好理论和实践的关系

B. 处理好理想和现实的关系

C. 处理好贡献和索取的关系

D. 处理好目的和手段的关系

17. 形成性评价是在教学过程中对学生的知识掌握和能力发展的及时评价。它包括在一节课或一个课题的教学中对学生的口头提问和书面测验,使教师与学生都能及时获得(　　)

A. 评价　　B. 信息

C. 反馈信息　　D. 发展性评价

18. 动作技能的形成达到完善阶段,即达到熟练阶段时,具有的特征是(　　)(易错)

①动觉控制的加强　②利用线索的减少　③动作的有意识控制减弱

④运动图式的形成　⑤预见和应变能力的加强　⑥体力投入的减少

A. ①②③④⑤⑥　　B. ①②③④⑤

C. ①④⑤⑥　　D. ①②③④

19. 身处教育实践第一线的研究者与受过专门训练的科学研究者密切协作,以教育实践中存在的某一问题作为研究对象,通过合作研究后,再把研究结果应用到自身从事的教育实践中,这种研究方法是(　　)(常考)

A. 观察法　　B. 读书法

C. 文献法　　D. 行动研究法

20. 美国当代著名的教育心理学家布卢姆认为,完整的教育目标分类学应当包括的主要部分有(　　)

①认知领域　②日常生活领域　③情感领域

④动作技能领域　⑤安全领域

A. ①②③　　B. ①③④

C. ①③⑤　　D. ①②④

二、判断题(判断下列各题的正误,并在题后的括号内打"√"或"×"。本大题共10小题,每小题1分,共10分)

1.《中华人民共和国未成年人保护法》所称未成年人是指未满16周岁的公民。(常考)　(　　)

2. 受到剥夺政治权利或者故意犯罪受到有期徒刑以上刑事处罚的,不能取得教师资格;已经取得教师资格的,保留教师资格。　(　　)

3. 国家课程标准是教材编写、教学、评估和考试命题的基本依据。　(　　)

4.《中华人民共和国教师法》适用于各级各类学校的教师,但不适用于其他教育机构中专门从事教育教学工作的教师。　(　　)

5. 新课程倡导学生主动参与、乐于探究、勤于动手,反对接受学习、死记硬背、机械训练。　(　　)

6. 新课程强调改变课程过于注重知识传授的倾向,强调形成积极主动的学习态度,使获得基础知识与基本技能的过程同时成为学生学会学习和形成正确价值观的过程。　(　　)

7.《国家中长期教育改革和发展规划纲要(2010~2020年)》中指出,坚持以人为本,全面实施素质教育是我国教育改革发展的战略主题。　(　　)

8. 2018年1月,中共中央、国务院颁布了《关于全面深化新时代教师队伍建设改革的意见》,这是新中国成立以来,党中央出台的第一个专门面向教师队伍建设的里程碑式政策文件。　(　　)

9. 2018年9月10日,全国教育大会在北京召开,这是在新的时代背景下,党中央召开的第一次全国性教育会议。　(　　)

10. 2019年6月23日,中共中央、国务院印发了《关于深化教育教学改革全面提高义务教育质量的意见》,这是为深入贯彻党的十九大精神和全国教育大会部署,加快推进教育现代化,建设教育强国,办好人民满意的教育,就深化教育教学改革、全面提高义务教育质量提出的意见。　(　　)

三、填空题(在下列每小题的空格中填上正确答案。错填、不填均不得分。本大题共10小题,每空1.5分,共15分)

1. "三人行,必有我师焉;择其善者而从之,其不善者而改之。"这句话是________提出的。

2. "其身正,不令而行;其身不正,虽令不从。"这句话表明教师劳动具有________性。(常考)

3. 情感具有两个功能,一是调节行动的功能,二是信号交际的功能。其信号交际功能是通过________实现的。

4. 艾宾浩斯的遗忘曲线表明,遗忘具有________的规律。

5. 美国哈佛大学发展心理学家加德纳提出的________理论,有利于教师更好地理解和实践新课程所倡导的学生评价。

6. 国家课程标准应体现国家对不同阶段的学生在知识与技能、________、情感态度与价值观等方面的基本要求。

7. 基础教育课程改革对课程设置的要求是:小学以综合课程为主;初中设置分科与综合相结合的课程;高中则以________为主。

8.《基础教育课程改革纲要(试行)》规定,从小学至高中设置________课程并作为必修课程,其基本内容包括:信息技术教育、劳动与技术教育、社区服务与社会实践和研究性学习。

9. 2016年9月《中国学生发展核心素养》发布,并提出核心素养包括________和关键能力。

10. 习近平总书记对广大教师提出了指示与要求,要求广大教师要做"四有"好老师,"四有"是指有理想信念、________、有扎实学识、有仁爱之心。

四、简答题(本大题共4小题,每小题5分,共20分)

1. 什么是有意注意?怎样运用有意注意的规律组织教学?(常考)

2. 简述维果斯基的“最近发展区”理论及其对教学的启示。(常考)

3. 如何理解“教学永远具有教育性”?

4. 简述培养学生良好意志品质的重要方法。

五、案例分析题(本大题共2小题,每小题10分,共20分)

1. 根据以下报道,分析李芳老师有哪些内在美的师德值得我们铭记并学习。

李芳——用生命完成最后一课

在失控三轮车冲向学生的那一刻,李芳老师用自己的血肉之躯,挡在死神与学生之间,将生命定格在伟大的瞬间。李芳是河南省信阳市浉河区董家河镇绿之风希望小学教师。中师毕业后,她选择去董家河最偏远、条件极其艰苦的黄龙寺小学教书。从教29年,她始终没有离开过乡村小学的讲台。在日常生活和工作中,她单纯实在、不争不抢、宽厚大度、真诚待人。在学校,哪里需要老师,李芳就去哪里。近几年,学校准备给她评高级教师,给她一些荣誉,她都推辞了。她说:“农村教育需要年轻人,他们比我更需要那些激励。”直到李芳牺牲,仍然只是一级教师。班里三分之一的学生都是留守儿童。天冷了,她要告诉孩子多穿衣服;放假了,她要提醒孩子不要玩水玩火;学生没钱回家,她要给学生买车票;去学生宿舍,她要特地换上走路声音小的软底鞋……6月16日,近5000人为她送行。

2. 根据以下案例,分析班主任张老师工作的德育智慧。

上课铃响后,班主任张老师走上讲台,正准备开班会。突然,一个乒乓球大的白色纸团飞到张老师的脚下。张老师的目光立即转向纸团的"发射台",只见班上多次违纪、屡教不改的张浩,旁若无人地坐在自己的位置上,潇洒地把头一仰。同学们都静静地看着张老师,看她准备如何发落。张老师脸色阴沉,压抑着满腔怒火。她想,张浩真是肆无忌惮、无法无天,必须要对他进行严厉的批评。可是,她转念一想,疾风暴雨式的批评已经不止一次了,但收效甚微,何不利用这次机会,尝试一下其他教育方式呢?

于是,张老师若无其事地整理了一下讲台,面带微笑地说:"同学们,大家都不要紧张。请想一想,你们平时有没有过类似的乱扔垃圾的行为呢?如果有,请你说一说,你是怎么看待自己的这种行为的?"

教室里一片寂静。过了一会儿,依然没有人说话。张老师又和颜悦色地说:"没关系,大家可以畅所欲言,老师是绝对不会批评你们的。"

这时,一向活泼的刘博率先站起来说:"我有过类似的行为。昨天,我在上数学课时,鼻涕流出来了,我掏出卫生纸擦了一下,然后随意地扔了。"

被大家公认最遵守纪律的吴昊接着说:"有一次,我吃完零食后,把包装纸扔在了操场上。我为我不文明的行为向同学们道歉。"

……

同学们纷纷举手,"揭发"自己在学校甚至在校外的一些不文明的行为。

刚才扔纸团的张浩同学看到大家坦率地承认了自己的错误行为,也羞愧地站起来说:"我也不知怎么了,擦完鼻涕就随手把纸团扔在了教室的地上,也许是习惯了。我保证今后不这样了,请老师原谅我,请同学们相信我。"

……

六、论述题(本大题共 15 分)

2017 年 9 月 8 日,教育部党组书记、部长陈宝生在《人民日报》撰文,就"努力做好人民满意的教育"做了深入阐释。文中,陈部长发出"课堂革命"的口号,提出五个"始终坚持"。其中第三个始终坚持是"始终坚持以学习者为中心,为不同层次、不同类型的受教育者提供个性化、多样化、高质量的教育服务,促进学习者主动学习、释放潜能、全面发展。"这就是"课堂革命"的总原则。

请结合学科教学,论述课堂教学如何落实"以学习者为中心"。(不少于 600 字)

2019年江苏省南通市通州区教师招聘考试
教育理论知识真题试卷（十）

（满分40分　时间40分钟）

本套试卷共33小题，包括单项选择题（20小题）、判断题（10小题）、简答题（2小题）、案例分析题（1小题）。

一、单项选择题（在下列每题四个选项中只有一个是符合题意的，将其选出并把它的标号写在括号内。错选、多选或未选均不得分。本大题共20小题，每小题0.5分，共10分）

1. 英语教师胡老师上课时，学生琳琳指出胡老师某处讲解有误，但实际上胡老师的讲解是对的。胡老师恰当的做法是（　　）

A. 不搭理琳琳

B. 肯定琳琳勇于指出老师错误的行为，并跟琳琳解释为什么没有错

C. 批评琳琳没有认真听讲，胡乱指出错误

D. 直接告诉琳琳，老师是对的

2. 某老师每次上课前用5分钟对学生进行提问，提问内容是关于之前教授过的内容，用于了解学生对旧知识的掌握情况。该老师的做法属于（　　）（常考）

A. 绝对性评价　　B. 形成性评价

C. 总结性评价　　D. 诊断性评价

3. 某老师接到班上一名学生家长的电话，该家长跟老师抱怨，认为老师对孩子的某种错误行为的处理有失公正，为此老师约家长面谈，处理该问题。老师与家长会面时，首先应（　　）

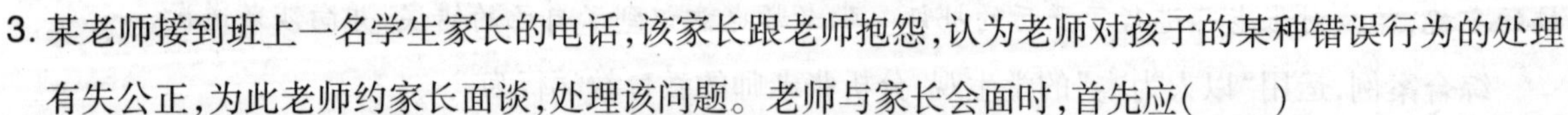

A. 倾听，让家长充分地表达观点以及情绪

B. 告知，使家长了解学校相关的校规校纪

C. 解释，给家长详细解释处理此事的充分理由

D. 商讨，共同讨论如何缓解处罚对孩子的影响

4. 在教学中，学生会因漏掉某个字或者做错题被部分老师要求将作业再写上十遍，甚至上百遍。要改变学生出现漏字或者做错题的现象，最为合适的方法是（　　）

A. 教会学生调动多种感官参与学习活动，养成检查的习惯

B. 加大罚抄力度

C. 要求家庭作业做完后，家长进行检查

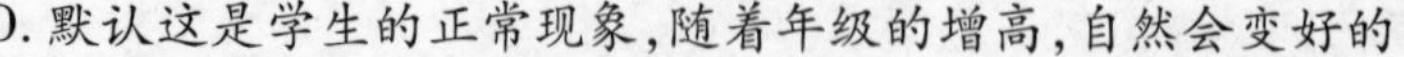

D. 默认这是学生的正常现象，随着年级的增高，自然会变好的

5.《基础教育课程改革纲要（试行）》中提出，从小学到高中设置（　　）并作为必修课，其内容包括信息技术教育、研究性学习、社区服务与社会实践以及劳动与技术教育。

A. 艺术课　　B. 综合实践活动　　C. 综合课　　D. 体育课

6. 孙老师关心学生的一举一动，对学生的各种愿望都有求必应，其做法违背了德育原则中的（　　）

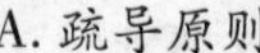

A. 疏导原则　　B. 因材施教原则

C. 尊重学生与严格要求学生相结合原则　　D. 平行教育原则

7. 下列语句表述中，能体现"课内活动与课外活动相结合"的是（　　）

A."道而弗牵，强而弗抑，开而弗达"　　B."视其所以，观其所由，察其所安"

C."时教必有正业，退息必有居学"　　D."学而时习之，不亦说乎"

8."视而不见、听而不闻"的现象，体现了注意的（　　）

A. 指向性　　B. 集中性　　C. 稳定性　　D. 分配性

9. 俗话说"一千个读者就有一千个哈姆雷特"，指的是知觉的（　　）

A. 选择性　　B. 恒常性　　C. 理解性　　D. 整体性

10."化悲愤为力量""不要意气用事"，这是（　　）（易混）

A. 意志对认识的影响　　B. 情感对认识的依赖

C. 意志对情感的作用　　D. 情感对意志的作用

11. 按照气质的类型分类，《红楼梦》中王熙凤和林黛玉分别属于（　　）

A. 胆汁质和黏液质　　B. 胆汁质和抑郁质

C. 多血质和抑郁质　　D. 多血质和黏液质

12. 学习骑自行车后不利于学习骑三轮车，这种迁移属于（　　）

A. 顺向正迁移　　B. 顺向负迁移

C. 逆向正迁移　　D. 逆向负迁移

13. 老师问妙妙："你有兄弟吗？"妙妙回答："有。"老师问："兄弟叫什么？"妙妙回答："明明。"老师又问："明明有兄弟吗？"妙妙回答："没有。"按皮亚杰的儿童认知发展阶段理论，妙妙的思维处于（　　）（常考）

A. 感知运动阶段　　B. 前运算阶段

C. 具体运算阶段　　D. 形式运算阶段

14. 根据韦纳的成败归因理论，学生将考试失败归因于努力不够，是一种（　　）

A. 内部、稳定、不可控归因　　B. 内部、不稳定、可控归因

C. 外部、稳定、不可控归因　　D. 外部、不稳定、不可控归因

15. 2018年是全面贯彻党的十九大精神的开局之年，中国特色社会主义进入新时代。请把下列大事

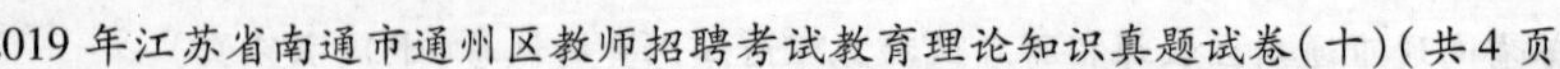

件按照先后顺序排列(　　)

①改革开放40周年　②中国共产党成立100周年

③全面建成小康社会　④中华人民共和国成立70周年

A. ②④③①　　B. ②①④③　　C. ①④②③　　D. ①④③②

16. 近代以来实现中华民族伟大复兴的三大里程碑是建立中国共产党、成立中华人民共和国、(　　)

A. 党的十一届三中全会召开　　B. 中国正式成为世界贸易组织成员国

C. 实行家庭联产承包责任制　　D. 推进改革开放和中国特色社会主义事业

17. 2019年1月2日,国家主席习近平在《告台湾同胞书》发表40周年纪念会上指出,要坚持“九二共识”,共同追求和平统一的光明前景,“九二共识”的核心是(　　)

A. “一个中国”原则　　B. “一国两制”方针

C. “和平统一”方式　　D. “民族复兴”目标

18. 马克思主义中国化的最新成果是(　　)

A. 毛泽东思想　　B. 邓小平理论

C. 习近平新时代中国特色社会主义思想　　D. “三个代表”重要思想

19. 我国的基本经济制度是(　　)

A. 人民民主专政　　B. 按劳分配为主体,多种分配方式并存

C. 人民代表大会制度　　D. 公有制为主体,多种所有制经济共同发展

20. 2019年3月18日,习近平总书记主持召开学校教师座谈会,指出用新时代中国特色社会主义思想铸魂育人,贯彻党的教育方针,落实立德树人的根本任务的关键课程是(　　)

A. 道德与法治课　　B. 德育课

C. 思想政治理论课　　D. 思想道德理论课

二、判断题(判断下列各题的正误,并在题后括号内打“√”或“×”。本大题共10小题,每小题1分,共10分)

1. 孟母择邻的故事表明环境因素决定着人的身心发展变化。(　　)

2. 普通中小学教育的性质是义务教育。(　　)

3. “少年早慧”“大器晚成”是能力发展早晚的表现。(　　)

4. 班主任了解学生的基本方法是谈话法。(易错)(　　)

5. 少年期被心理学家称为“危险期”或“心理断乳期”。(　　)

6. 小红知道花儿很好看但不能摘的道理,这标志着她相应的道德品质已经形成。(　　)

7. “急中生智”是一种心境现象。(　　)

8. 负强化是另一种形式的惩罚。(常考)(　　)

9. 2018年6月8日,中华人民共和国首枚“友谊勋章”被授予俄罗斯总统普京。(　　)

10. 2018年11月5日至10日,首届中国国际进口博览会在北京举行。(　　)

三、简答题(本大题共2小题,第1小题4分,第2小题6分,共10分)

1. 请从教师职业道德的角度分析教师从事有偿家教或者到校外培训机构兼职取酬的现象。

2. 创造性思维有哪些特征?如何培养学生的创造性思维?(常考)

四、案例分析题(本大题共10分)

一年级学生莎莎,由于母亲工作忙,开学第一天,莎莎的耳朵没有洗干净。第一节课,张老师发现了莎莎的耳朵脏,叫莎莎站起来给大家看,作为一个反面的教材,引起了全班同学的大笑。从此以后,每次上张老师的课,莎莎总是把头埋得很低,总是觉得大家都在看她,都在嘲笑她。因此莎莎的数学成绩一直很差。老师把原因归结于莎莎上课不认真,没能集中注意力去听课,以致莎莎的成绩越来越差,甚至数学只考了40分,莎莎的身心受到了严重的影响。终于有一天,妈妈发现了莎莎的不对劲,问了莎莎原因。在妈妈的询问下,莎莎把这件事情告诉了妈妈,妈妈要求更换班主任,此事受到了学校的重视,学校对张老师进行了严厉的批评。张老师也意识到了自己的错误,并向莎莎道歉。

综合案例,运用“以人为本”的学生观,分析张老师的教育教学行为。

押题试卷

江苏省教师招聘考试教育理论基础押题试卷(十一)

(满分 100 分　时间 120 分钟)

本套试卷共 56 小题,包括单项选择题(30 小题),判断题(10 小题),填空题(10 小题),简答题(4 小题),案例分析题(2 小题)。

一、单项选择题(下列每小题列出的四个选项中只有一个是最符合题意的,请将其代码填在括号内。错选、多选或未选均不得分。本大题共 30 小题,每小题 1.5 分,共 45 分)

1. 在日常生活中,路边的公益性广告属于(　　)

A. 家庭教育　　B. 学校教育

C. 狭义的教育　　D. 广义的教育

2. 古代(　　)强调应培养"有文化、有修养和多种才能"的政治家和商人。

A. 雅典教育　　B. 斯巴达教育　　C. 埃及教育　　D. 印度教育

3. 人口的平均文化程度越高,人口出生率就越低。这体现了教育(　　)

A. 可以改变人口质量　　B. 可以减少人口数量

C. 可以调整人口结构　　D. 可以制约人口迁移

4. 智育的根本任务是(　　)

A. 发展学生的智力　　B. 培养学生的自主性

C. 提高学生的竞争意识　　D. 完善学生的人格

5. 李老师上课从不迟到,承诺过的事情都会一一兑现,其良好的品质深深影响着班上每一位同学。李老师所扮演的角色是(　　)

A. 学生成长的关护者　　B. 学生的榜样

C. 班级的领导者　　D. 班级的组织者

6. 下列对于教材的认识,不正确的是(　　)

A. 教材是根据学科课程标准编制的、系统反映学科内容的教学用书

B. 教材是知识授受活动的主要信息媒介

C. 教材是课程标准的进一步展开和具体化

D. 优秀教师进行教学时不需要教材

7. 课程实施的忠实取向在本质上受(　　)支配。

A. 技术理性　　B. 实践理性　　C. 解放理性　　D. 理论理性

8. 在教学任务中处于基础地位的是(　　)

A. 发展学生的智力　　B. 培养学生的道德品质

C. 培养学生的能力　　D. 传授基础知识和基本技能

9. 路老师在进行生物课教学的过程中,经常是先给大家讲解知识,然后带大家到植物园里去观察,有时候大家一起进行一些扦插的操作,这样既有课堂知识的学习,又有实际的感性认识。这体现了路老师遵循了教学过程的(　　)

A. 直接经验与间接经验相统一的规律　　B. 掌握知识与发展能力相统一的规律

C. 教师主导与学生主体相统一的规律　　D. 传授知识与思想教育相统一的规律

10. 小亮经常逃课,老师在了解情况后对他进行悉心教育。一开始他有所改变,但不久后又恢复原样;老师又多次跟他谈心、交流想法。久而久之,小亮就不再逃课了。这主要体现了德育过程是(　　)

A. 对学生知、情、意、行进行培养的过程　　B. 促进学生思想内部矛盾斗争的过程

C. 长期的、反复的、不断前进的过程　　D. 在活动和交往中接受多方面影响的过程

11. 肖老师是某班新来的班主任,在管理班级时,他首先设法影响整个班集体的氛围,然后再去影响单个学生的发展,最后再通过整个班集体和教师的影响来促进学生的发展。肖老师的这种班级管理模式属于(　　)

A. 班级集中管理模式　　B. 班级平行管理模式

C. 班级目标管理模式　　D. 班级民主管理模式

12. 博物院在暑期组织了"国宝讲解小明星"的活动,这类活动属于(　　)

A. 体育活动　　B. 学科活动　　C. 社会活动　　D. 艺术活动

13. 为了提高教育研究的效益,避免重复劳动,最重要的工作是(　　)

A. 问题确定　　B. 文献检索　　C. 数据收集　　D. 研究设计

14. 在课堂上有位学生问为什么鲸鱼不是鱼,老师并不做正面解答,在学生争议未果的情况下留下问题(家庭作业),让学生课后去探究,查询有关资料并写出研究报告。从新课程理念上看,对这种家庭作业评价正确的是(　　)

A. 把问题留给了学生,能够促进学生探究性学习方式的形成

B. 教师和学生之间缺乏必要的沟通,影响学生的学习效果

C. 教师不和学生互动,不利于民主化的新型师生关系的形成

D. 改变了传统的布置家庭作业的方式,减轻了教师的工作量

15. 在古今教育发展的长河中,教师职业道德的内容越来越丰富,涉及教师职业劳动的各个方面,充分体现了教师职业道德内容的(　　)

A. 典范性　　B. 全面性　　C. 双重性　　D. 针对性

16. "新官上任三把火""开门红""下马威"体现的是社会知觉偏差中的(　　)

A. 首因效应　　B. 晕轮效应　　C. 近因效应　　D. 投射效应

17. 根据识记时对材料是否理解来划分，学生对无意义音节、地名、人名、历史年代等的识记属于(　　)

A. 机械识记　　B. 意义识记　　C. 无意识记　　D. 有意识记

18. 在公交车上，小华主动为一位老人让座，并感到很自豪。当时小华体验到的情感是(　　)

A. 道德感　　B. 美感　　C. 理智感　　D. 新异感

19. 下列属于斯皮尔曼的智力结构理论观点的是(　　)

A. 智力结构由四个层次组成　　B. 智力由 G 因素和 S 因素组成

C. 智力由流体智力和晶体智力组成　　D. 智力结构包括内容、操作和产品三个维度

20. 小红通过努力找到了一份稳定的工作，还给自己买了多种保险。这体现了小红具有(　　)

A. 生理需要　　B. 安全需要

C. 归属与爱的需要　　D. 自我实现的需要

21. 在埃里克森看来，若学龄期(6～12 岁)儿童心理发展困难，则容易导致其产生(　　)

A. 孤独感　　B. 羞耻感　　C. 自卑感　　D. 内疚感

22. 对待儿童非常严厉，缺少温情，要求儿童绝对服从，为使儿童服从，他们常常运用惩罚和剥夺爱的策略，这是(　　)的教养方式。

A. 专制型父母　　B. 放纵型父母　　C. 忽视型父母　　D. 权威型父母

23. 下列关于“学习”的表述，正确的是(　　)

A. 学习是人类特有的现象，在人的整个生活中都贯穿着学习

B. 学习是有机体后天习得行为经验的过程

C. 鸭子游水、小狗钻火圈都属于学习的范畴

D. 学习表现为个体行为由于经验和遗传而发生的行为较为稳定的变化

24. 利用现代科学技术使知识以活动的方式展现在学生面前，这是利用了感知规律中的(　　)

A. 强度律　　B. 差异律　　C. 活动律　　D. 组合律

25. 在学校教育中，应根据学生的年龄、性别、种族等特点，运用不同学习动机类型来激发学生的学习动机。提出该观点的心理学家是(　　)

A. 布鲁纳　　B. 斯金纳　　C. 奇勒　　D. 奥苏贝尔

26. 下列属于程序性知识的是(　　)

A. 三角形的内角和等于 180°　　B. 三角形有三条边，三个内角

C. 三角形的两边之和大于第三边　　D. 在△ABC 中，∠A＝30°，∠B＞50°，求∠C 的度数

27. 一个月前，李老师的家庭发生了重大变故。事假结束后，李老师回到学校继续开展教学工作。可是同学们普遍感受到李老师不在状态，导致课堂气氛比较压抑，学生课堂学习的效果较差。这一现象体现了(　　)对课堂气氛的影响。

A. 教师的领导方式　　B. 教师的期望

C. 教师的情绪状态　　D. 教师的认知风格

28. 教学反思是教师成长与发展的途径之一。下列选项中不属于布鲁巴奇等人提出的反思方法的是(　　)

A. 理性思考　　B. 详细描述　　C. 交流讨论　　D. 行动研究

29.《中共中央 国务院关于全面深化新时代教师队伍建设改革的意见》中提出，要把提高教师(　　)和职业道德水平摆在首要位置，把社会主义核心价值观贯穿教书育人全过程。

A. 思想政治素质　　B. 学科专业水平

C. 个人综合素质　　D. 个人创新能力

30.《中共中央 国务院关于全面加强新时代大中小学劳动教育的意见》中指出：“注重围绕增加劳动知识、技能，加强家政学习，开展社区服务，适当参加生产劳动，使学生初步养成认真负责、吃苦耐劳的品质和职业意识。”这一内容要求针对的学段是(　　)

A. 小学低年级　　B. 小学中高年级　　C. 初中　　D. 普通高中

二、判断题(判断下列各题的正误，并在题后的括号内打“√”或“×”。本大题共 10 小题，每小题 1 分，共 10 分)

1. 教师只要有专业知识就能上好课，没有必要学习教育学。(　　)
2. 在古代，受教育的目的主要不是获得实用的知识，而是社会地位的象征，教育的象征性功能占主导地位。(　　)
3. 人口增长速度比较快的地区，教育发展应以提高教育质量为重点。(　　)
4. 课程是一个历史的范畴，直接受制于教育目的，所以不同的时代有不同的课程观。(　　)
5. 孔子提出了“贤者以其昭昭，使人昭昭”的道德修养方法。(　　)
6. “谈梅生津”属于第二信号系统的条件反射。(　　)
7. 婴儿出生时，不具备独立生存的能力和语言能力，他们渴了、饿了会哭，这体现了情绪的适应功能。(　　)
8. 概括化理论强调学习者发现学习任务中共同成分的重要性。(　　)
9. 竞争有可能使一部分学生过度紧张和焦虑，容易忽视活动的内在价值与创造性。(　　)
10. 教科书审查人员，可以参与教科书的编写工作。(　　)

三、填空题(在下列每小题的空格中填上正确答案。错填、不填均不得分。本大题共 10 小题，每小题 1 分，共 10 分)

1. ________提出了“罢黜百家，独尊儒术”。
2. 美国当代生物社会学家威尔逊把________看作是决定人的一切行为的本质力量。
3. 教师是教育工作的组织者、________，在教育过程中起________作用。
4. “大有大成，小有小成”体现了________的教学原则。
5. ________主要是指学校、家庭环境以外的社区、文化团体和组织等给予儿童和青少年的影响。
6. 动机的________功能是指动机使机体的活动指向一定的目标或对象。
7. 思维是人脑对客观事物概括的和________的反映。

8. 冯忠良认为,操作技能的形成过程分为________、操作模仿、操作整合和操作熟练四个阶段。

9. 以学生为中心的教学策略包括________、情境教学、合作学习。

10. 处于________阶段的教师,最担心的问题是:“学生喜欢我吗?”“同学们怎么看我?”等。

四、简答题(本大题共4小题,每小题5分,共20分)

1. 简述教育的政治功能。

2. 简述教师职业道德素养的主要内容。

3. 简述皮亚杰认知发展理论中影响认知发展的因素。

4. 影响遗忘进程的因素有哪些?

五、案例分析题(本大题共2小题,第1小题7分,第2小题8分,共15分)

1. 随着社会现代化水平的提高和信息化手段的运用,一些学校开始借助网络技术促进学生的学习,例如,布置开放性作业,让学生通过网络查找相关资料,或是让学生在班级群对读课文、写作业进行“打卡”。对这种做法,家长褒贬不一。认同的人认为作业的形式就应多种多样,学生的信息素养就是要在日常的学习中养成,坚持打卡,有助于学生养成良好的习惯。但也有家长吐槽,为了完成作业,学生经常使用手机、电脑,有时甚至耗时1到2个小时。学生频繁使用网络会造成一定程度的网络依赖,同时视力也会受到影响。

用教育学相关知识分析上述案例。(7分)

2. 甲同学有偏科现象,对语文、历史等学科产生较强的畏难心理。他平时学习缺乏主动性,总是“临时抱佛脚”。考前复习时总以为“文科就靠背”,可以不求甚解。他采取反复识记的方法,但刚能背诵就停止学习,浅尝辄止。再加上时间紧、任务重,学习效果往往欠佳。他对一些形象的知识记忆效果相对好些。对抽象的知识,他采取相同的学习方法,尽管也投入大量的时间和精力,但总难以取得相应的记忆效果。后来,甲同学不断尝试运用自己习惯的记忆方法,发现早晨起床后和晚上临睡前的记忆效果好。

(1)运用记忆理论,分析“早晨起床后和晚上临睡前记忆效果好”这一现象。(2分)

(2)结合材料,分析甲同学记忆方面存在的问题并提出相应的改善措施。(6分)

江苏省教师招聘考试教育理论基础押题试卷(十二)

(满分100分　时间120分钟)

本套试卷共56小题,包括单项选择题(30小题),判断题(10小题),填空题(10小题),简答题(4小题),案例分析题(2小题)。

一、单项选择题(下列每小题列出的四个选项中只有一个是最符合题意的,请将其代码填在括号内。错选、多选或未选均不得分。本大题共30小题,每小题1.5分,共45分)

1. 欧洲封建社会的教会教育主要有僧侣学校、大主教学校和教区学校,是为封建地主阶级的统治服务的。其主要的教育内容不包括(　　)

A. 文法　　B. 修辞　　C. 下棋　　D. 音乐

2. “我们日常所见的人中,他们之所以或好或坏,或有用或无用,十分之九都是他们的教育所决定的。人之所以千差万别,便是由于教育之故。”这一观点出自(　　)

A. 夸美纽斯　　B. 洛克　　C. 卢梭　　D. 赫尔巴特

3. 2020年上半年,受新冠肺炎疫情影响,全国各级各类学校暂缓开学,全体在校生通过钉钉课堂等智慧便捷的网课软件在家学习,在“云课堂”中度过特殊的春季学期。这说明(　　)

A. 科学技术能够影响教育的内容、方法和手段

B. 科学技术能够影响受教育者的数量和教育质量

C. 科学技术能够改变教育者的观念

D. 科学技术影响着教育技术

4. 教育研究的起始环节是(　　)

A. 制订研究计划　　B. 选择研究课题

C. 调查研究　　D. 文献检索与综述

5. 教师将自己的意志强加于学生,扼杀学生的学习兴趣,从而使学生被所谓的“标准答案”框住,压抑了学生创造的天性。这违背了学生(　　)的本质属性。

A. 依赖性　　B. 生成性　　C. 自主性　　D. 整体性

6. 某教师的教案中有“通过学习养成尊老爱幼的品质”,该教师确立的课程目标属于(　　)

A. 知识与技能目标　　B. 过程与方法目标

C. 情感态度与价值观目标　　D. 问题与解决目标

7. 20世纪初期,明明开学报到的时候碰到了很多前来报到的女生,他感到很惊讶,父亲说过学校里只会有男生。而且课程上也有一些变化,读经课停开了,增加了一些自然科学的内容。这种现象的出现是因为实行了(　　)

A. 壬寅学制　　B. 癸卯学制　　C. 壬子癸丑学制　　D. 壬戌学制

8. 魏巍在《我的老师》一文中提到:“我们见了她(蔡老师)不由得就围了上去。即使她写字的时候,我们也默默地看着她,连她握笔的姿势都急于模仿。”这一叙述体现了学生的(　　)特点。

A. 可塑性　　B. 向师性　　C. 复杂性　　D. 创造性

9. 五年级(1)班的科学老师在讲完“黄豆的内部组织”这一章节的内容后,指导学生进行黄豆栽培,并做好栽培记录。这种教学方法属于(　　)

A. 演示法　　B. 实验法　　C. 实习作业法　　D. 讨论法

10. 鲁宾斯坦曾经说过:“思维通常总是开始于疑问或者问题,开始于惊奇或者疑问,开始于矛盾。”基于这一观点,教学应遵循(　　)

A. 启发性原则　　B. 教育性原则

C. 因材施教原则　　D. 直观性原则

11. 在“感动中国”的主题班会中,班主任重视榜样的力量,向学生们讲述了“王继才三十二年如一日守卫祖国海岛”的事迹。由此可知,该班主任的做法体现的德育模式是(　　)

A. 体谅模式　　B. 价值澄清模式

C. 认知模式　　D. 社会模仿模式

12. 我国的“五四”运动和“一二·九”运动发端于学校,后扩展到社会,进而形成全国性的政治运动。这主要体现了(　　)

A. 教育可为政治稳定或变革制造所需的舆论

B. 教育通过培养大量政治人才,为政治发展服务

C. 政治制约着教育权和受教育权

D. 政治意识形态制约着教育思想的发展

13. 人们常说“众人拾柴火焰高”“三个臭皮匠顶个诸葛亮”“人心齐,泰山移”“一个人像棵小草,集体则是抗拒暴风雨的森林”。以上俗语体现的班集体建设中的道理是(　　)

A. 班集体的力量在于团结　　B. 班集体的力量在于竞争

C. 班集体的力量在于成员的多少　　D. 班集体的力量在于少数精英的支撑

14. 小学教师薛某参与奶制品销售商对学生销售牛奶的商业活动,并收取回扣。薛某的这种做法违背了教师职业道德规范中的(　　)

A. 爱岗敬业　　B. 关爱学生　　C. 教书育人　　D. 为人师表

15. 以下对“在对待与其他教育者关系上,新课程强调合作”的理解不正确的是(　　)

A. 老师要与学生家长进行沟通与配合

B. 不同年级、不同学科的教师要相互配合

C. 具有教学意义和教育功能

D. 树立自我反思、在“做中学”的实践观念

16. 之前小轩学习写毛笔字时，需要注意坐姿、书写规范和写字顺序，临摹十分钟就觉得很累了，但是现在给社区写了很多副春联也不觉得疲倦。小轩现在的表现是(　　)

A. 无意注意　　B. 有意注意　　C. 有意后注意　　D. 随意注意

17. 下列选项体现了创造性思维的灵活性特征的是(　　)

A. 开创不同的方向　　B. 短时间内产生大量的观念

C. 不落窠臼　　D. 透过现象看本质

18. 对缺乏信心和决心的学生，应注重培养其意志品质的(　　)

A. 自觉性　　B. 自制性　　C. 果断性　　D. 坚韧性

19. 为了消除饥饿而产生觅食活动，为了获得优秀成绩而勤奋学习，为了摆脱孤独而结交朋友，这体现了动机的(　　)

A. 指向功能　　B. 激活功能　　C. 维持功能　　D. 调整功能

20. 运用标准化的心理量表对被试进行测量，从而了解其心理特点的方法称之为(　　)

A. 观察法　　B. 实验法

C. 教育经验总结法　　D. 测验法

21. 根据皮亚杰的认知发展阶段理论，客体永久性出现在认知发展的(　　)

A. 感知运动阶段　　B. 前运算阶段

C. 具体运算阶段　　D. 形式运算阶段

22. 下列哪项属于有意义的接受学习(　　)

A. 学生兴趣盎然地听科普讲座　　B. 学生用谐音法记忆单词

C. 科学家探索新材料　　D. 学生玩走迷宫游戏

23. 斯金纳的迷箱实验发现：小白鼠在迷箱中乱窜，无意中触到迷箱中传送食物的杠杆而获得食物，后来多次同样的行为得到相同的结果，小白鼠按压杠杆的频率迅速增加。这表明对个体行为塑造起作用的是(　　)

A. 分化　　B. 强化　　C. 泛化　　D. 类化

24. 学习迁移产生的客观必要条件是(　　)

A. 学生的智力水平　　B. 学习的理解和巩固程度

C. 学习对象之间的共同要素　　D. 学习的方法

25. 问题解决是一个复杂的过程，其关键阶段是(　　)

A. 发现问题　　B. 提出假设　　C. 理解问题　　D. 检验假设

26. 关于韦纳的归因理论，以下表述正确的是(　　)

A. 所有稳定性因素都是内在因素　　B. 所有内在因素都是稳定性因素

C. 所有内在因素都是可控因素　　D. 所有可控因素都是内在因素

27. 某学生这样来管理自己的学习：“如果我能在30分钟内完成英语老师布置的家庭作业，那么就可以和爸爸出去玩。”该学生运用的是(　　)

A. 外部强化　　B. 替代强化　　C. 自我强化　　D. 消极强化

28. 一名小学生，上课不敢主动举手回答问题，一旦当他主动举手回答问题时，教师就给予表扬、鼓励，渐渐地他养成了勇于举手回答问题的行为方式。在这个过程中，教师采用了(　　)

A. 示范法　　B. 行为塑造法

C. 惩罚法　　D. 强化法

29. 小乐在学校组织的校外活动中不慎受伤，后经教育行政部门调解，小乐父母与学校就事故处理达成了协议，但事后家长又对协议内容不满而反悔。根据我国《学生伤害事故处理办法》的规定，对此，学校可以(　　)

A. 依法提起诉讼　　B. 申请行政复议

C. 请仲裁机关仲裁　　D. 请教育行政部门重新调解

30. 根据《中华人民共和国预防未成年人犯罪法》，对有不良行为的未成年学生，拒不改正者，学校可采取的管理教育措施不包括(　　)

A. 予以训导　　B. 要求遵守特定的行为规范

C. 要求参加特定的专题教育　　D. 进行体罚

二、判断题(判断下列各题的正误，并在题后的括号内打“√”或“×”。本大题共10小题，每小题1分，共10分)

1.《论语》是孔子撰写的有关哲学、政治、伦理和教育的著作。(　　)

2. 很多国家都倡导教育先行，意味着教育越来越不受社会因素制约。(　　)

3. 素质教育是对人发展质量上的一种关注。(　　)

4. 谈话法是学校教育中最常用的方法之一，但此法若运用不当，就容易变成机械式问答。(　　)

5. 诊断性评价主要针对在学习上存在问题障碍的学生，正常的学生不需要诊断性评价。(　　)

6. 附属内驱力是一种内在的学习动机。(　　)

7. 技能没有好坏之别，习惯有好坏之分。(　　)

8. 对学生的行为进行奖励时，应注意避免外部奖励对内部兴趣的破坏。(　　)

9.《三国演义》中的猛将张飞暴躁易怒，他的气质类型更倾向于多血质。(　　)

10. 要推动各级教育高水平高质量普及，提升高中阶段教育普及水平，推进高等职业教育和普通高中教育协调发展。(　　)

三、填空题(在下列每小题的空格中填上正确答案。错填、不填均不得分。本大题共 10 小题,每小题 1 分,共 10 分)

1. 在教育史上,________最早提出“教育遵循自然”的观点。

2. ________是教育学生的感情基础,是教师职业道德高低的试金石。

3. 墨翟认为,人的知识来源可分为三个方面,即“________”“________”和“说知”。

4. 我国确立教育目的的理论依据是________。

5. ________是教师综合素质最突出的外在表现,也是评价教师专业性的核心因素。

6. 科学心理观认为,心理是人脑对________的主观能动的反映。

7. ________法是心理科学研究中应用最广、成就最大的一种方法。

8. 皮亚杰认为适应包括同化和________两个过程。

9. 我国心理学家对学习的分类是________、技能的学习和行为规范的学习。

10. ________是个体依据一定的社会道德准则规范行动时表现出来的比较稳定的心理特征和倾向。

四、简答题(本大题共 4 小题,每小题 5 分,共 20 分)

1. 教师在良好师生关系的建立中应做出哪些努力?

2. 教师应树立哪些新课程资源的理念?

3. 简述教师在教学中如何有效地促进学生的学习迁移。

4. 简述加涅提出的五种学习结果分类。

五、案例分析题(本大题共2小题,第1小题7分,第2小题8分,共15分)

1. 2020年6月5日下午,某市实验小学迎来了劳模大讲堂首场开讲活动。活动伊始,学校葛校长隆重为师生们介绍了此次讲座的嘉宾——本市农业科学院科研管理科副科长宋老师,他不平凡的经历引起了孩子们极大的兴趣。紧接着,宋老师以《你想要成为什么样的人》为题,为六年级的孩子们开启了一场富含深意的毕业课程。宋老师从孩子们熟悉的小麦、玉米、小米等农作物引入,开始了他生动有趣而又富含丰厚专业知识的讲解。图文并茂的课件,深入浅出的讲解,宋老师为孩子们展现了科技发展的巨大力量,拓宽了大家的视野,深深地吸引了在场的所有听众。

小听众们一边听,一边记,个个专注入神。学习现场氛围热烈,互动积极。宋老师由种植农作物谈到培育新品种,由此引发孩子们思考:自己想要成为一个什么样的人。他用自己的亲身经历,让孩子们明白:"遇到困难,要迎难而上。没有什么问题是解决不了的,只要我们敢于不断尝试。"

转眼间,报告会就要结束了,葛校长对宋老师的讲座给予了高度评价,并为其颁发了荣誉证书。

这场别开生面的劳模讲座,给即将毕业的孩子们开启了一扇窗,让他们对农业知识有了进一步的了解,对科学攻关有了更深刻的认识。

根据以上案例,回答相关问题。

(1)学校开展劳模讲座的意义和目的是什么?(3分)

(2)联系实际,说说学校应如何更好地开展劳动教育。(4分)

2. 先把实验组的狗放进一个无法逃脱的笼子里,里面有电击装置。给狗施加电击,电击的强度能够引起狗的痛苦,但不会伤害狗的身体。结果,狗在一开始被电击时,拼命挣扎,想逃脱这个笼子,但经过再三的努力,仍然发觉无法逃脱后,挣扎的程度逐渐降低了,最后根本不再挣扎。随后,把狗放进另一个笼子,这个笼子由两部分构成,中间用隔板隔开,隔板的高度是狗可以轻易跳过去的。隔板的一边有电击,另一边没有电击。当把经过前面实验的狗放进这个笼子时,实验者发现它们除了在头半分钟惊恐一阵子外,此后一直卧倒在地接受电击的痛苦,那么容易逃脱的环境,它们连试也不去试一下。而把对照组中的狗,即那些没有经过前面第一个程序实验的狗直接放进后一个笼子里。却发现它们全部能逃脱电击之苦,轻而易举地从有电击的一边跳到安全的另一边。

请结合案例运用教育心理学的知识分析:

(1)实验组的狗为什么不再尝试逃脱?(3分)

(2)怎样做才能使实验组的狗再跳起来,从而逃脱电击的环境?(5分)

江苏省教师招聘考试教育理论基础押题试卷(十三)

(满分 100 分　时间 120 分钟)

本套试卷共 53 小题,包括单项选择题(20 小题)、多项选择题(15 小题)、判断题(10 小题)、简答题(4 小题)、论述题(2 小题)、案例分析题(2 小题)。

一、单项选择题(下列每小题列出的四个选项中只有一个是最符合题意的,请将其代码填在括号内。错选、多选或未选均不得分。本大题共 20 小题,每小题 1 分,共 20 分)

1. 小明的妈妈让小明记住家里的电话号码,但是每次问小明的时候,他都只能答出号码的后面几位数字。这种现象可以用(　　)来解释。

A. 登门槛效应　　B. 门面效应

C. 近因效应　　D. 首因效应

2. 某校教师在自我介绍时说,自己从事人文社会类的课程教学,这类课程是我国学校教育的主导课程,能够使学生获得系统的知识与技能。他所教的这类课程我们叫作(　　)

A. 综合课程　　B. 活动课程　　C. 学科课程　　D. 相关课程

3. 语文老师关于语言、文学方面的知识,属于教师知识结构中的(　　)

A. 一般文化知识　　B. 条件性知识

C. 本体性知识　　D. 实践性知识

4. 学校强调培养具有民主意识的现代公民,这体现了教育的(　　)

A. 政治功能　　B. 文化功能　　C. 经济功能　　D. 生态功能

5. 世界上最早的智力测验量表是(　　)

A. 斯坦福—比纳智力量表　　B. 比纳—西蒙智力量表

C. 韦克斯勒成人智力量表　　D. 韦氏幼儿智力量表

6. 李老师教导学生说:“社会主义现代化建设不但需要高级科学技术专家,而且迫切需要大量素质良好的中、初级技术人员、管理人员、技工和其他城乡劳动者。”由此可知,应大力发展(　　)

A. 高等教育　　B. 中等教育

C. 职业技术教育　　D. 初等教育

7. “教育与生产、生活相融合,教育内容主要为生产、生活经验。”这句话反映了(　　)的教育特征。

A. 原始社会　　B. 现代社会　　C. 封建社会　　D. 古代社会

8. 美国课程专家(　　)于 1918 年出版的《课程》一书标志着课程作为专门研究领域的诞生。

A. 博比特　　B. 斯金纳　　C. 泰勒　　D. 布鲁纳

9. “北京是中华人民共和国的首都”“太阳升起来了”,这些属于(　　)

A. 策略性知识　　B. 程序性知识

C. 陈述性知识　　D. 概念性知识

10. 杨林同学是某中职学校的应届毕业生,在校园双选会上,他同时接到了五家单位的招聘意向。面对多种选择,杨林举棋不定。此时,他的心理冲突是(　　)

A. 趋避冲突　　B. 多重趋避冲突

C. 双避冲突　　D. 双趋冲突

11. 下列有关注意的说法正确的是(　　)

A. 注意的分散和转移是个体无意识的行为

B. 注意最重要的功能是对活动的调节和监控

C. 有意后注意不应在课堂中出现

D. 有意注意也可以是没有目的的注意

12. 班主任以教育目的为指导思想,以“学生守则”为基本依据,对学生一个学期内在学习、生活、品行等方面进行小结与评价。这项工作叫(　　)

A. 建立学生档案　　B. 班主任工作总结

C. 班主任工作计划　　D. 操行评定

13. 教育过程中最重要的人际关系是(　　)

A. 同学关系　　B. 师生关系

C. 学校与家庭关系　　D. 同事关系

14. 《论语・先进》有言:“求也退,故进之;由也兼人,故退之。”这蕴含的教学原则是(　　)

A. 巩固性原则　　B. 系统性原则

C. 因材施教原则　　D. 量力性原则

15. “教育不应再限于学校的围墙之内”体现了(　　)阶段的教育理想。

A. 非制度化教育　　B. 前制度化教育

C. 制度化教育　　D. 义务教育

16. 下列选项中体现了问题解决的是(　　)

A. 吃饭、穿衣　　B. 猜谜语

C. 漫无目的的幻想　　D. 回忆电话号码

17. 某次考试成绩出来后,班主任老师把班里所有学生的成绩进行排名并张贴后,对其中一名学生说:

"这次又是你倒数第一,总是影响班级成绩,你真是没救了。"此老师的行为违反了(　　)的职业道德规范。

A. 爱国守法、爱岗敬业　　B. 关爱学生、教书育人

C. 为人师表、廉洁公正　　D. 爱岗敬业、终身学习

18. 德育过程的构成要素中,(　　)既是德育的客体,也是德育的主体。

A. 受教育者　　B. 教育者

C. 德育内容　　D. 德育方法

19. (　　)是近代德国著名的心理学家和教育学家,在世界教育史上被认为是"现代教育学之父"。

A. 杜威　　B. 赫尔巴特　　C. 班杜拉　　D. 夸美纽斯

20.《中国教育现代化2035》中指出,要着力提高教育质量,促进(　　),优化教育结构,为决胜全面建成小康社会、实现新时代中国特色社会主义发展的奋斗目标提供有力支撑。

A. 教育均衡发展　　B. 教育公平

C. 教育现代化　　D. 教育环境改善

二、多项选择题(下列每小题列出的选项中至少有两个是正确的,请将其代码填在括号内。错选、多选或未选均不得分。本大题共15小题,每小题1分,共15分)

1. 下列选项中,属于典型的迁移现象的有(　　)

A. 举一反三　　B. 触类旁通

C. 闻一知十　　D. 物以类聚

2. 下列关于气质的说法,正确的有(　　)

A. 气质没有好坏之分

B. 气质由血型决定

C. 气质影响个体的职业选择

D. 教师应该根据学生的气质差异进行教育

3.《论语》中记述的孔子教育思想观点有(　　)

A. 教学相长　　B."不愤不启,不悱不发"

C."学而不思则罔,思而不学则殆"　　D."其身正,不令而行;其身不正,虽令不从"

4. 下列选项中属于感觉对比现象的有(　　)

A. 吃完苦药后再吃糖,觉得糖更甜

B. 一样亮的灰色分别放在白色背景和黑色背景下,看起来明度不一样了

C. 声音停止后,耳朵里还有这种声音的余音在萦绕

D. 绿叶陪衬下的红花看起来更红了

5. 解释遗忘产生的原因的理论有(　　)

A. 衰退说　　B. 干扰说

C. 压抑说　　D. 提取失败说

6. 我国基础教育学段包括(　　)

A. 小学　　B. 初中　　C. 高中　　D. 大学

7."染于苍则苍,染于黄则黄,所入者变,其色亦变。"与这句话所反映的影响人身心发展的因素相吻合的说法有(　　)

A. 近朱者赤,近墨者黑　　B. 出淤泥而不染

C. 蓬生麻中,不扶而直　　D. 龙生龙,凤生凤,老鼠的儿子会打洞

8. 相对于认知学派,建构主义把教师看成是学生学习的(　　)

A. 指导者　　B. 设计者　　C. 帮助者　　D. 合作者

9. 以下关于目标评价模式的表述,正确的是(　　)

A. 评价除了要关注预期的结果之外,还应关注非预期结果

B. 评价的目的不是"证明",而是"改进"

C. 它只关注预期目标,忽视了其他方面的因素

D. 它的优点是操作简单,又容易见效

10. 班杜拉认为一个完整的学习过程包括(　　)

A. 注意　　B. 保持　　C. 复现　　D. 动机

11. 下列关于教学过程,表述不正确的观点是(　　)

A. 教学过程是学生的一种特殊认识过程

B. 教学过程是知与不知的矛盾转化过程

C. 学生掌握知识就能够形成相应的能力

D. 感知教材和领会教材属于教学过程的巩固阶段

12. 学生学习的主要内容是间接经验。间接经验与直接经验相结合,反映了教学中(　　)的关系。

A. 传授科学文化知识与丰富学生感性知识　　B. 理论与实践

C. 知识与能力　　D. 知与行

13. 心理发展的不平衡性体现在(　　)

A. 个体不同系统在发展速度上的不同

B. 个体不同系统在发展的起止时间上的不同

C. 个体不同系统在到达成熟时期上的不同

D. 个体不同系统在发展过程中遭遇的问题不同

14. 品德的心理结构包括(　　)

A. 道德观念　　B. 道德认识　　C. 道德情感　　D. 道德行为

15. 李老师是某学校的一名教师，工作期间，所在学校可按相关规定对其予以表彰、奖励的情况包括(　　)

A. 为学校培养了大批优秀人才

B. 在学校的教学改革方面有突出贡献

C. 在社会服务方面表现突出

D. 在科学研究方面取得大量成果

三、判断题(判断下列各题的正误，并在题后的括号内打"√"或"×"。本大题共 10 小题，每小题 1 分，共 10 分)

1. 教育内容在教育活动中居于主导地位，对整个教育活动起指导作用。(　　)
2. 学生具有依赖性，因此并不能成为自我教育的主体。(　　)
3. 我国第一个具有资本主义性质的学制是"壬子癸丑学制"。(　　)
4. 研究性学习作为一种学习方式，渗透于学生的所有学习活动之中。(　　)
5. 当代学校教育中的班主任必须实行由管理者角色向指导者角色的重心转移。(　　)
6. 个性心理特征包括能力、气质和知觉。(　　)
7. 学生在上课时，其视、听、动作始终随着老师从一个问题转到另一个问题，这是注意的分配现象。(　　)
8. 自我意识的成分包括自我认识、自我体验、自我监控。(　　)
9. 在生活中，衣服好像只有一种用途，很少有人会想到它也可用于灭火，这体现了功能固着的影响。(　　)
10. 2020 年 3 月，中共中央、国务院印发了《关于全面加强新时代大中小学劳动教育的意见》，强调强化劳动教育，要以脑力劳动为主，还要强化实践体验。(　　)

四、简答题(本大题共 4 小题，每小题 5 分，共 20 分)

1. 简述教学过程中应遵循的基本规律。

2. 简述学校教育在影响个体发展上的特殊功能。

3. 如何促进教师的成长?

4. 简述有效组织复习的方法。

五、论述题(本大题共 2 小题，每小题 8 分，共 16 分)

1. 结合社会实际，谈谈新世纪我们需要什么样的师德观。

2. 阿特金森认为,在面对成功概率为50%的任务时,人们存在两种相反的选择倾向。请阐述该理论的主要观点及其教育启示。

六、案例分析题(本大题共2小题,第1小题10分,第2小题9分,共19分)

1. 为了提高学生成绩,应对即将到来的期末考试,A班班主任决定将音体美等非考试科目停掉,将平时的活动时间改为自习背诵时间,考试科目的任课老师也积极配合,对考试知识点和教材应考内容进行了几次集中性的讲解,并在课后安排大量的练习作业。但期末考试过后,A班的成绩并没有明显提升,却有部分学生产生了逃课、厌学等行为或负面情绪。

为提高学生学习积极性,提升课程参与度和互动感,B班班主任决定引入知识竞赛的教学方式。一段时间过后,确实有的学生在课堂上发言更加主动、回答问题更加积极、参与小组讨论更加活跃,还有部分学生的成绩有了明显提高。更让他欣慰的是,一些学生在课间休息时和放学回家后,仍旧和同伴、父母进行知识竞赛,以此巩固和充实自己的知识。然而,班主任还发现一些学生为了竞赛名次恶性竞争,甚至有学生在竞赛中用手机作弊、偷藏资料,这让B班班主任大为不满。

(1)结合案例,从教育功能的类型角度,分析A班和B班的教学现象。(5分)

(2)结合自身经验,谈谈如何减少教育对个体发展产生的负面影响。(5分)

2. 张亮小时候成绩优秀,对数学特别感兴趣,曾在市里举办的数学竞赛中获奖。升入初中后,在第一次测验中,他的成绩很不理想,班级排名倒数第五。回到家里,父母知道情况后,对他进行责骂,并动手打了他,使张亮产生了挫败感。他很想取得好成绩,可这次的挫败感使他越来越不自信,甚至连他最喜欢的数学也出现了考试不及格的现象。老师还用醒目的红笔在他的试卷上批注:"这么简单的题都不会做,太笨了!"久而久之,张亮对学习丧失了信心,上课不认真听讲,作业不按时完成,对考试成绩也抱着无所谓的态度。

结合案例,分析张亮对学习丧失信心的原因。(9分)

江苏省教师招聘考试教育理论基础押题试卷(十四)

(满分 100 分　时间 120 分钟)

本套试卷共 53 小题,包括单项选择题(20 小题)、多项选择题(15 小题)、判断题(10 小题)、简答题(4 小题)、论述题(2 小题)、案例分析题(2 小题)。

一、单项选择题(下列每小题列出的四个选项中只有一个是最符合题意的,请将其代码填在括号内。错选、多选或未选均不得分。本大题共 20 小题,每小题 1 分,共 20 分)

1. 衡量教育好坏的最高标准只能是看教育能否为社会稳定和发展服务,能否促进社会的存在和发展。这是(　　)的观点。

A. 神学教育目的论　　B. 社会本位论

C. 教育无目的论　　D. 个人本位论

2. 加涅根据学习的信息加工模式将学习过程分为若干个阶段,其中,(　　)是反应的发生阶段,就是反应发生器把学习者的反应命题组织起来,使他们在操作活动中表现出来。

A. 回忆阶段　　B. 反馈阶段　　C. 了解阶段　　D. 操作阶段

3. 小明即将上考场,感觉自己心跳加速,有点微微出汗。这属于情绪情感的(　　)

A. 主观体验　　B. 外部表现　　C. 生理唤醒　　D. 认知活动

4. 班主任在班级管理中的影响力主要表现在两个方面:一是职权影响力,二是(　　)

A. 年龄影响力　　B. 性别影响力

C. 个性影响力　　D. 学术影响力

5. 某学生背一篇古文,读 8 遍刚好成诵,要取得最佳的记忆效果,他应该再读(　　)

A. 2 遍　　B. 4 遍　　C. 6 遍　　D. 8 遍

6. 五年级一班的白老师向同学们提问说:“大家知道唐朝的诗人有哪些吗?”老师话音刚落,小丽立马回答说:“李白,还有苏轼……”小丽的认知风格属于(　　)

A. 场依存型　　B. 场独立型　　C. 冲动型　　D. 沉思型

7. 如果一个家长想用看电视作为强化物奖励儿童认真按时完成作业的行为,最适合的安排应该是(　　)

A. 让儿童看完电视以后立刻督促他完成作业

B. 规定每周看电视的时间

C. 只有按时完成家庭作业后才能看电视

D. 任由孩子随心所欲地看电视

8. 被称为“俄罗斯教育心理学的奠基人”的是(　　)

A. 马卡连柯　　B. 苏霍姆林斯基

C. 乌申斯基　　D. 谢切诺夫

9. 我国政府在国外建立国学学院,进行对外汉语教学等行为体现了教育的(　　)功能。

A. 传递、保存文化　　B. 传播、交流文化

C. 选择、提升文化　　D. 创造文化

10. 做数学试题时,对于每一道计算题,小芳总能想出两种以上的计算方法。“想出两种以上的计算方法”属于问题解决的(　　)阶段。

A. 发现问题　　B. 解决问题　　C. 明确问题　　D. 提出假设

11. 美育最高层次的任务是(　　)

A. 培养学生健康的审美观　　B. 提高学生感受美的能力

C. 培养学生鉴赏美的能力　　D. 形成学生创造美的能力

12. 提出“明了、联合、系统、方法”四阶段论的教育家是(　　)

A. 裴斯泰洛齐　　B. 赫尔巴特

C. 杜威　　D. 卢梭

13. 学习是一项艰苦的劳动,所以要培养学生吃苦耐劳的道德品质,这符合(　　)的教育规律。

A. 脱离知识可以进行思想品德教育

B. 强调传授知识可以忽略思想品德教育

C. 学生思想品德水平的提高可以为他们积极学习知识奠定基础

D. 学生思想品德水平的提高有利于其对科学文化知识的掌握

14. 下列教育案例中,最能体现“最近发展区”理论运用的是(　　)

A. 3 岁的小军在妈妈的指导下,逐渐学会了自己穿衣服

B. 小海的妈妈希望他将来成为一名科学家

C. 小明的实际身高和同龄男孩的平均身高之间的差距

D. 5 岁的小西能够背诵 100 首古诗

15. “无论我们选教何种学科,都务必使学生理解该学科的基本结构。”依此而建立的课程理论为(　　)

A. 百科全书式课程理论　　B. 综合课程理论

C. 永恒主义课程理论　　D. 结构主义课程理论

16. 小华为了得到妈妈的表扬和奖励,最近学习很刻苦,成绩也有了很大的提高。这主要是受到了(　　)内驱力的影响。

A. 附属　　B. 认知　　C. 自我提高　　D. 他律

17. 学生的学习必须“超越给定信息”。根据布鲁纳的认知学习理论，这一观点强调的学习过程是(　　)

A. 获得　　B. 评价　　C. 动机　　D. 转化

18. 教师表现出对学生的尊敬、礼貌以及宽容等，学生就可能受到提示而表现出这些行为。这属于观察学习效应中的(　　)

A. 习得效应　　B. 抑制效应　　C. 去抑制效应　　D. 反应促进效应

19. 我国现行的学校教育制度，从层次结构上来看不包括(　　)

A. 初等教育　　B. 中等教育　　C. 高等教育　　D. 职业教育

20. 对实施欺凌的未成年学生，学校应当根据(　　)，依法加强管教。

A. 被欺凌学生的诉求　　B. 欺凌行为的性质和程度

C. 欺凌行为的类型和原因　　D. 公安机关的要求

二、多项选择题(下列每小题列出的选项中至少有两个是正确的，请将其代码填在括号内。错选、多选或未选均不得分。本大题共 15 小题，每小题 1 分，共 15 分)

1. 下列体现了环境对人身心发展的影响的有(　　)

A. 居必择乡，游必就士　　B. 种瓜得瓜，种豆得豆

C. 人定胜天　　D. 染于苍则苍，染于黄则黄

2. 有些农村中小学的个别学生利用课外活动时间，甚至占用上课时间去给老师家里收割庄稼或采摘油茶瓜果。对此现象，看法错误的有(　　)

A. 这样做可以让学生接触自然、锻炼身体

B. 这是对老师尊重的表现

C. 这样做无可厚非

D. 这样做违反相关教育政策和法规

3. 联合国教科文组织在 1996 年发布的《教育——财富蕴藏其中》报告中提出的学习与教育的几个“支柱”包括(　　)

A. 学会认知　　B. 学会做事　　C. 学会共同生活　　D. 学会生存

4. 关于讨论法的优点，以下表述正确的有(　　)

A. 能培养学生的合作与交往能力

B. 能激发学生的学习兴趣

C. 能使学生在较短时间内获得大量系统的科学知识

D. 能提高学生学习的独立性

5. 班主任处理偶发事件的原则有(　　)

A. 教育性原则　　B. 客观性原则

C. 可接受性原则　　D. 冷处理原则

6. 教师劳动的创造性具体来讲，主要表现在(　　)

A. 因材施教　　B. 教育的影响具有迟效性

C. 教学方法的不断更新　　D. 教师需要“教育机智”

7. 下列有关德育的说法中，正确的是(　　)

A. 小学德育过程的基本矛盾是德育要求与受教育者已有品德水平的差距

B. 进行德育要循循善诱、以理服人，从提高学生认识入手，调动学生的主动性，使他们积极向上，这体现的是疏导原则

C. 德育过程由教育者、受教育者、德育内容和德育方法四个相互制约的要素构成

D. 一个人品德形成发展的外在表现和重要标志是品德意志

8. 态度的结构包括(　　)

A. 认知成分　　B. 情感成分

C. 意志成分　　D. 行为成分

9. 课堂管理的功能可概括地分为(　　)

A. 维持功能　　B. 促进功能　　C. 发展功能　　D. 强调功能

10. 教师在培养学生的心智技能时应注意(　　)

A. 激发学习的积极性与主动性

B. 注意原型的完备性、独立性和概括性

C. 适应培养的阶段特征，正确使用言语

D. 充分考虑学生所面临的主客观条件

11. 意志的品质有(　　)

A. 自觉性　　B. 自制性　　C. 果断性　　D. 坚韧性

12. 下列关于情绪和情感关系的表述，正确的有(　　)

A. 情绪是情感的基础，情感离不开情绪

B. 情绪依赖于情感，是情感的具体表现

C. 情绪具有情境性，情感具有较强的稳定性和持久性

D. 情绪更多的是与人的生理需要相联系，情感则是与社会需要相联系

13. 下列属于内部归因的是(　　)

A. 能力　　B. 运气　　C. 任务难度　　D. 努力

14. 下列属于程序性知识的表征方式的是(　　)

A. 命题　　B. 命题网络

C. 产生式　　D. 产生式系统

15.《中国学生发展核心素养》确立了六大核心素养,其中自主发展的素养包括(　　)

A. 科学精神　　B. 学会学习

C. 责任担当　　D. 健康生活

三、判断题(判断下列各题的正误,并在题后的括号内打"√"或"×"。本大题共10小题,每小题1分,共10分)

1. 动物界与人类社会一样,也存在教育活动。(　　)
2. 隐性课程为显性课程提供间接经验的或价值体系的支持。(　　)
3. 精神分析学派的创始人弗洛伊德认为,人的性本能是最基本的自然本能,它是推动人发展的潜在的、无意识的、最根本的动因。(　　)
4. 因材施教的根本目的在于消除个别差异,最终让每个学生都达到同样水平。(　　)
5. 教师是最活跃的教育力量,教师的行为是形成师生关系的主导因素。(　　)
6. 从情感强度的角度,可把情感分为道德感、美感和理智感三种形式。(　　)
7. "外行看热闹,内行看门道"体现的是知觉的理解性。(　　)
8. 一个学习动机很强或达到最佳动机水平的学生,一定能表现出高质量的学习行为。(　　)
9. 建构主义认为,知识不是对现实的准确表征,它只是一种解释、一种假设,并不是问题的最终答案。(　　)
10. 注意是一种独立的心理过程。(　　)

四、简答题(本大题共4小题,每小题5分,共20分)

1. 简述知识与能力之间的联系。

2. 简述教学的特点。

3. 简述态度与品德的培养方式。

4. 我国社会主义教育目的的基本精神是什么?

五、论述题(本大题共2小题,每小题8分,共16分)

1. "真正的教育存在于人与人心灵距离最短的时刻,存在于无言的感动之中。"请举例说明你对这句话的理解。并结合自己所任学科的某个案例阐明自己的观点。

2. 试述加德纳的多元智力理论及其对教学改革的启示。

六、案例分析题(本大题共2小题,第1小题9分,第2小题10分,共19分)

1. 林老师为了上好“两栖动物的生殖与发育”一课,精心制作了PPT,并准备了青蛙标本、三张挂图和视频材料,课前林老师将这些教具摆放悬挂好后,马上受到了许多学生的围观。课上他先是播放了视频材料,接着他演示了青蛙标本,因标本过小,后面的同学伸长了脖子也看不到,他不断翻着PPT,却没有适时地做出讲解。下课铃声响了,准备的PPT还没有翻完。课后学生们反映说:“我们忙着看这看那,老师讲什么都没听清,而且有的PPT背景上浅色字很模糊。”

(1)林老师在教学过程中运用的直观手段存在哪些问题?(4分)

(2)联系案例,阐述教师应该如何提高知识直观的效果。(5分)

2. 学生被教师的课堂提问难住,但甲、乙、丙三位教师的处理方式各不相同。

教师甲(语气很重,冲着该生):“整天上课开小差,结果怎么样?这么简单的问题都不会回答,太笨了!坐下!”

教师乙(生气,但不表现出来):“坐下,谁来帮他?”

教师丙(微笑、和蔼地):“别急,回忆一下,我们昨天学过的内容,当时你听得很认真,想想,昨天×××同学是怎样回答的?”

学生(思索片刻)说出了与问题答案相关的一句话。

教师丙(很兴奋):“对呀!看来,你是很棒的!”

学生体面地坐下,并投入到后面的学习中。

请评析以上案例中三位教师的做法。(10分)

江苏省教师招聘考试教育理论基础押题试卷(十五)

(满分 100 分　时间 120 分钟)

本套试卷共 49 小题,包括单项选择题(20 小题)、多项选择题(10 小题)、判断题(10 小题)、名词解释(3 小题)、简答题(4 小题)、案例分析题(1 小题)、教育写作(1 小题)。

一、单项选择题(下列每小题列出的四个选项中只有一个是最符合题意的,请将其代码填在括号内。错选、多选或未选均不得分。本大题共 20 小题,每小题 0.75 分,共 15 分)

1. 我国西周的"学在官府"以及欧洲的"政教合一"都体现了教育的(　　)

A. 文化功能　　B. 政治功能
C. 个性发展功能　　D. 生产功能

2. 孟子是我国古代(　　)的代表人物,他认为人的本性是善的,万物皆备于我。

A. 外铄论　　B. 内发论
C. 成熟机制论　　D. 多因素相互作用论

3. 通常认为"太阳从东边升起,往西边落下"。这属于(　　)

A. 抽象思维　　B. 经验思维　　C. 理论思维　　D. 直观动作思维

4. 主张"思想自由,兼容并包"这一办学理念的著名教育家是(　　)

A. 蔡元培　　B. 陈鹤琴　　C. 陶行知　　D. 胡适

5. (　　)是学校课外活动的主体部分,学校应高度重视,分科组织落实。

A. 体育活动　　B. 学科活动　　C. 科技活动　　D. 社会实践活动

6. 教师注重在关键期培养学生,这是因为学生的发展具有(　　)

A. 稳定性　　B. 可变性　　C. 不均衡性　　D. 独立性

7. 按照安德森对心智技能的分类,心智技能的形成阶段可分为认知阶段、联结阶段和(　　)

A. 完善阶段　　B. 操作阶段　　C. 自动化阶段　　D. 能动阶段

8. 陈老师为某中学的数学教师,他在给学生讲解完等差数列的基本概念之后,不断给他们出新的题目进行练习,加深学生对等差数列概念的理解。陈老师遵循了教学过程中的(　　)

A. 循序渐进原则　　B. 直观性原则
C. 巩固性原则　　D. 启发性原则

9. 历史上第一个明确主张"教育心理学化"的教育家是(　　)

A. 夸美纽斯　　B. 赫尔巴特　　C. 裴斯泰洛齐　　D. 杜威

10. 某学生在与人交往时,把自己具有的某些不讨人喜欢、不为人接受的观念、性格等转移到别人身上,认为别人也是如此,以掩盖自己不受欢迎的特征。这种社会知觉偏差属于(　　)

A. 晕轮效应　　B. 首因效应　　C. 投射效应　　D. 近因效应

11. 经常思考"如何教好这节课"的教师处于教师成长的(　　)阶段。

A. 关注生存　　B. 关注情境　　C. 关注学生　　D. 关注自我

12. 个体身心发展在不同的年龄阶段表现出不同的总体特征及主要矛盾,面临着不同的发展任务。这就是个体身心发展的(　　)

A. 顺序性　　B. 不平衡性　　C. 互补性　　D. 阶段性

13. (　　)是指在操作技能形成过程中,把模仿阶段习得的动作固定下来,并使各动作成分相互结合,成为定型的、一体化的动作。

A. 操作模仿　　B. 操作整合　　C. 操作熟练　　D. 操作定向

14. 某学生给自己的座右铭是:留住美好和感动,遗忘消极与不快。这其中的"遗忘"所体现的遗忘理论是(　　)

A. 干扰理论　　B. 动机遗忘理论
C. 提取失败理论　　D. 消退理论

15. 在相关学习理论中,认为学习是通过顿悟过程实现的心理学家是(　　)

A. 苛勒　　B. 桑代克　　C. 班杜拉　　D. 华生

16. 下列学习动机中,最稳定、最可靠、最持久的一项是(　　)

A. 学习是为了理解事物、掌握知识
B. 学习是为了提高自己在班级中的排名
C. 学习是为了得到家长的赞许
D. 学习是为了赢得社会地位

17. (　　)在 1903 年出版的《教育心理学》为西方教育心理学的发展奠定了基础,并确立了学科体系。

A. 桑代克　　B. 冯特　　C. 华生　　D. 苛勒

18. 国务院和地方各级人民政府领导和管理教育工作的原则是(　　)

A. 分级管理、分工负责　　B. 统筹规划、以县为主
C. 统筹规划、协调管理　　D. 统一管理、分工负责

19. 国粹是指一个国家固有文化中的精华。下列选项中,不属于中国"三大国粹"的是(　　)

A. 中国功夫　　B. 中国京剧　　C. 中国医学　　D. 中国画

20. 诗句中的历史人物出现的顺序是(　　)

①千载琵琶作胡语,分明怨恨曲中论　　②江东子弟多才俊,卷土重来未可知
③三分割据纡筹策,万古云霄一羽毛　　④一骑红尘妃子笑,无人知是荔枝来

A. ②①③④　　B. ①③④②
C. ②③①④　　D. ①④③②

二、多项选择题(下列每小题列出的选项中至少有两个是正确的,请将其代码填在括号内。错选、多选或未选均不得分。本大题共 10 小题,每小题 1.5 分,共 15 分)

1. 从课程开发的主体来看,课程可以分为(　　)

A. 国家课程　　B. 地方课程　　C. 社会课程　　D. 校本课程

2. 本学期,班主任赵老师决定让班上同学轮流做值周班长,当赵老师告诉王健轮到他做值周班长时,他不假思索地说:"我不想当!"这让赵老师很吃惊,赵老师经过耐心询问才知道王健是怕影响学习。王健最近已经多次拒绝参加班级活动,在班里造成了不良影响。此后,班级开展活动赵老师也有意不再找王健,但常常在班里郑重地表扬活动中表现好的学生,这样既鼓励了参加活动的学生,也促使王健逐渐认识到自己的不足。这一招还真灵,看到别人都积极参与班级活动,学习不受影响,王健被触动了,开始主动地参加班级活动。依据德育过程的相关理论,此材料体现了(　　)

A. 德育过程是组织学生活动与交往的过程

B. 德育过程需要教师不断地说服、灌输和要求

C. 德育过程是统一家庭、学校、社会多方面影响的过程

D. 德育过程是促进学生思想内部矛盾斗争的过程,是教育与自我教育的过程

3. 区别冲动型与沉思型认知方式的标准是(　　)

A. 冒险　　B. 谨慎　　C. 反应时间　　D. 精确性

4. 与自制性相反的意志品质是(　　)

A. 任性　　B. 优柔寡断　　C. 动摇性　　D. 怯懦

5. 依据迁移内容的抽象和概括水平不同,迁移可分为(　　)

A. 水平迁移　　B. 顺向迁移　　C. 逆向迁移　　D. 垂直迁移

6. (　　)提出的教学理论被视为现代教学理论的三大流派。

A. 布鲁纳　　B. 赫尔巴特　　C. 赞科夫　　D. 瓦·根舍因

7. 下列选项属于教师合理的知识结构的有(　　)

A. 一般文化知识　　B. 条件性知识

C. 实践性知识　　D. 个体性知识

8. 教育目的是所有教育活动的出发点和最终归宿,是教育基本理论的重要组成部分。关于教育目的的说法正确的有(　　)

A. 教育目的与教育方针既有联系,也有区别,教育目的较理想,而教育方针较现实

B. 按结构层次从高到低依次是教育目的、培养目标、教学目标、课程目标

C. 在当下中小学中"升学率"最被看重,这属于教育的实然的教育目的

D. 教育目的是人提出来的,形式上是主观的,因此教育目的没有客观性

9. 下列学习中属于符号学习的有(　　)

A. 汉字的学习　　B. 英语单词的学习

C. 图像、图表的学习　　D. 历史事件的学习

10.《中小学教育惩戒规则(试行)》自 2021 年 3 月 1 日起施行,根据规则,在确有必要的情况下,教师在课堂教学、日常管理中,对违规违纪情节较为轻微的学生,可以当场实施的教育惩戒有(　　)

A. 一节课堂教学时间内的教室外站立　　B. 责令赔礼道歉、做口头或者书面检讨

C. 适当增加额外的班级公益服务任务　　D. 点名批评

三、判断题(判断下列各题的正误,并在题后的括号内打"√"或"×"。本大题共 10 小题,每小题 1 分,共 10 分)

1. 李老师上课时注重用教材教而不是教教材,这种做法是正确的。(　　)

2. 为人师表是指教师在各方面都应该成为学生和社会上人们效仿的榜样,这是由社会舆论决定的。(　　)

3. 对学生的道德教育应该以认知教育为开端。(　　)

4. 教学是学校教育工作的中心,学校教育工作要坚持"教学为主,全面安排"的原则。(　　)

5. 并列结合学习比上位学习和下位学习更简单、容易。(　　)

6. 常用的启发式策略中,爬山法是指从目标状态出发,考虑如何达到初始状态的问题解决方法。(　　)

7. 系统脱敏法是治疗恐惧症的常用方法。(　　)

8. 个体思维由低到高依次发展的顺序是:具体形象思维—直观动作思维—抽象逻辑思维。(　　)

9. 隐性课程虽然与显性课程相伴而生,但它对显性课程教育效力的影响却往往是消极的。(　　)

10. 表象具有直观性、概括性和可操作性三大特征。(　　)

四、名词解释(本大题共 3 小题,每小题 3 分,共 9 分)

1. 教育目的

2. 教育机智

3. 精加工策略

五、简答题(本大题共 4 小题,每小题 4 分,共 16 分)

1. 从师德角度,说说教师如何关爱学生。

2. 简述德育的主要途径。

3. 简述如何培养学生的创造性。

4. 简述埃里克森的心理社会发展阶段论。

六、案例分析题(本大题共 15 分)

辛老师了解到学生小丁学习基础较差,且因家境贫寒导致自卑心理,他为小丁制定并实施了“智志双扶”的措施。辛老师利用课余时间与小丁谈心,以励志的榜样故事鼓舞他树立理想,实现人生价值;为他组建“学习帮帮团”,帮助他学习;让他当班级宣传委员,发挥其画画的特长;对他取得的进步给予赞赏;在“我们是一个友爱和谐的家”班会上,让其他学生友善地接纳了小丁;针对小丁在课堂上做小动作的行为,辛老师没有当众训斥他而是委婉地提示。一段时间后,小丁爱上了学习,成绩也提高了。他在日记中写道:“我要靠自己去奋斗,努力学习吧,我能越来越……”

结合案例,分析辛老师是如何依据需要层次理论制定教育措施的。

七、教育写作(本大题共 20 分)

①要立志,立鸿鹄志,做奋斗者。(习近平)

②捧着一颗心来,不带半根草去。(陶行知)

③让生命与使命同行。(于漪)

综合上述材料,你有怎样的感触及思考?请联系实际,写一篇不少于 600 字的文章。要求:选好角度,确定立意,自拟题目;诗歌除外,文体不限。

江苏省教师招聘考试教育理论基础押题试卷(十六)

(满分 100 分　时间 120 分钟)

本套试卷共 42 小题,包括单项选择题(20 小题)、多项选择题(10 小题)、辨析题(2 小题)、名词解释(3 小题)、简答题(4 小题)、案例分析题(2 小题)、教育写作(1 小题)。

一、单项选择题(下列每小题列出的四个选项中只有一个是最符合题意的,请将其代码填在括号内。错选、多选或未选均不得分。本大题共 20 小题,每小题 0.75 分,共 15 分)

1.“一千个人的眼里,有一千个哈姆雷特”表明人的心理具有(　　)

A. 客观性　　B. 主观性　　C. 目的性　　D. 社会性

2.(　　)是以学习成绩为中心,在教师指导下使用结构化的有序材料的课堂教学策略。

A. 直接教学　　B. 基于问题学习

C. 探究学习　　D. 个别化教学

3. 下列有关学制的叙述,正确的是(　　)

A. 我国是单轨制的典型国家

B. 我国正式实施的第一个现代学制是壬寅学制

C. 我国历史上的壬戌学制是以日本为蓝本的

D. 美国是单轨学制的代表国家

4. 孔子提出的“力行近乎仁”反映了(　　)的德育原则。

A. 导向性　　B. 疏导

C. 知行统一　　D. 因材施教

5. 学生将在数学中学习到的学习方法、解题思路运用到物理、化学学习中,这种迁移是(　　)

A. 具体迁移　　B. 同化性迁移

C. 重组性迁移　　D. 一般迁移

6. 教育心理学研究的核心内容是(　　)

A. 教学过程　　B. 评价过程

C. 学习过程　　D. 反思过程

7. 根据科尔伯格道德发展阶段理论,学生在某一阶段遵守社会规范,并认为契约和法律规定是绝对的、不可更改的,但在这一阶段学生也最有可能出现创造性行为减少的现象,这一阶段是(　　)

A. 相对功利取向阶段　　B. 社会法制取向阶段

C. 惩罚与服从取向阶段　　D. 遵守法规取向阶段

8.“多一把尺子,就多一个好学生”反映的评价观是(　　)

A. 评价是促进学生发展的动力　　B. 评价应该关注过程

C. 评价标准应该多元化　　D. 学生是评价的主体

9. 美国心理学家马斯洛认为(　　)属于缺失需要的一种。

A. 尊重需要　　B. 自我实现的需要

C. 审美需要　　D. 认知需要

10. 儿童多动症是小学生中常见的一种以注意力缺陷和活动过度为主要特征的行为障碍综合征,其高峰发病年龄在(　　)

A. 3 ~ 5 岁　　B. 5 ~ 7 岁

C. 8 ~ 10 岁　　D. 12 ~ 13 岁

11. 在实际的教育和教学过程中,经常需要(　　),如引导学生分辨勇敢和鲁莽、谦让和退缩,要求学生区别重力和压力、质量和重量等。

A. 条件反射的获得　　B. 对刺激进行分化

C. 对刺激进行泛化　　D. 条件反射的消退

12.(　　)是新课程倡导的现代学习方式的首要特征,与传统学习方式相比,二者在学生的具体学习活动中表现为:“我要学”和“要我学”。

A. 独立性　　B. 主动性　　C. 体验性　　D. 独特性

13. 小学低年级学生在教师指导下进行识字学习时,有的按拼音字母归类,有的按偏旁结构归类,这种知识学习策略是(　　)

A. 组织策略　　B. 元认知策略

C. 资源管理策略　　D. 精加工策略

14. 如果用眼睛注视一朵绿花约一分钟,然后将视线转向身边的白墙,那么在白墙上将看到一朵红花。这种现象是(　　)

A. 正后像　　B. 负后像

C. 视觉适应　　D. 感觉对比

15. 下列说法有误的是(　　)

A. 检查书面作业是平时考查的方式之一

B. 课外辅导是适应学生个别差异、贯彻因材施教的重要措施

C. 个别教学是教师针对相同学生的情况进行个别辅导的教学组织形式

D. 复式教学适用于学生少、教师少、校舍和教学设备较差的农村以及偏远地区

16. 教育的本体功能是(　　)

A. 社会功能　　B. 育人功能

C. 经济功能　　D. 政治功能

17. 教育行动研究是一个螺旋式加深的过程,其最后一个环节是(　　)

A. 问题　　B. 计划　　C. 行动　　D. 反思

18. 最早系统论述终身教育思想的教育家是(　　)

A. 保罗·朗格朗　　B. 孟子

C. 拉伊　　D. 培根

19. 习近平总书记在一次讲话中引用了明代官员陈诚的诗句"绿野草铺茵,空山雪积银",诗句中描写的是(　　)的景色。

A. 北欧　　B. 北极　　C. 中亚　　D. 西伯利亚

20. 教育法律关系发生、变更和消灭的根据是(　　)

A. 法律事实　　B. 法律规律　　C. 人际关系　　D. 法律现象

二、多项选择题(下列每小题列出的选项中至少有两个是正确的,请将其代码填在括号内。错选、多选或未选均不得分。本大题共 10 小题,每小题 1.5 分,共 15 分)

1. 教学评价是教学中的重要环节和不可缺少的部分,以下对教学评价理解正确的是(　　)

A. 教学评价贯穿于整个教学过程中

B. 教师可以依据教学评价结果调节课堂教学安排

C. 教学评价是在学期结束时对教师的教学效果进行的考核

D. 教师可以依据教学评价结果反思自己的教学过程,进一步完善和提高教学能力

2. 根据能力适应活动范围的大小,可把能力分为(　　)

A. 一般能力　　B. 特殊能力　　C. 模仿能力　　D. 创造能力

3. 下列选项中,能体现教育对政治发展有促进功能的是(　　)

A. 中学阶段开设"思想政治"课程

B. 近年来,一些高校积极探索"产—学—研"一体化道路,取得了巨大成功

C. 某中学开展"公民教育"主题活动

D. 李某在大学学习汉语言文学专业,毕业后成为一名初中语文教师

4. 下列有关负强化的说法中,表述正确的是(　　)

A. 负强化是教师给学生的负性关注

B. 负强化使负性行为得以增加

C. 负强化的目的是增加积极行为

D. 运用负强化时,要使学生可以免去某项要求

5. 下列关于教育的发展,表述正确的观点是(　　)

A. 中国隋唐时期,已经出现了完备的"六学二馆"的官学体系

B. "七艺"是中世纪骑士教育的主要内容

C. 普遍实施中等义务教育是近代社会教育的主要特征

D. 人文教育和科学教育携手并进是现代社会教育的特征

6. 我国当前学制改革的主要内容包括(　　)

A. 加强基础教育,落实义务教育

B. 调整中等教育结构,发展职业技术教育

C. 稳步发展高等教育,走以内涵发展为主的道路

D. 重视成人教育,发展终身教育

7. 奥苏贝尔把学校情境中的成就动机分为(　　)

A. 附属内驱力　　B. 自我提高内驱力

C. 力比多　　D. 认知内驱力

8. 下列有关气质与性格关系的说法,正确的是(　　)

A. 气质先,性格后　　B. 气质可塑性大,性格可塑性小

C. 气质表现早,性格表现晚　　D. 气质好,性格也好

9. 下列做法中有助于学生创造性个性塑造的有(　　)

A. 保护学生的好奇心　　B. 鼓励独立性和创新精神

C. 重视逻辑思维的培养　　D. 为学生树立创造性的榜样

10.《深化新时代教育评价改革总体方案》中指出,教育评价改革要坚持科学有效,改进结果评价,强化过程评价,探索增值评价,健全综合评价,充分利用信息技术,提高教育评价的(　　)

A. 科学性　　B. 专业性　　C. 全面性　　D. 客观性

三、辨析题(判断正误,并说明理由。本大题共 2 小题,每小题 5 分,共 10 分)

1. 只要运用正面说服的教育方法,一切学生都能教育好。因此,应反对使用纪律处分等强制性的方法。

2. 维果斯基把儿童的现有水平和即将达到的发展水平之间的差异,称为学习准备。

四、名词解释(本大题共3小题,每小题3分,共9分)

1. 校本课程

2. 学校教育

3. 意志

五、简答题(本大题共4小题,每小题4分,共16分)

1. 教师选择与运用教学方法的基本依据是什么?

2. 简述影响学习迁移的因素。

3. 简述家庭教育的基本要求。

4. 简述在教学中如何培养学生能力的发展。

六、案例分析题(本大题共2小题,第1小题7分,第2小题8分,共15分)

1. 随着网络、手机的普及和广泛使用,人们获得知识的途径越来越便捷,并且在使用过程中出现了随用随搜的现象,人们读书越来越少,掌握的知识也变得碎片化。在学生中手机的使用更是有向低龄化、日常依赖化发展的趋势。

作为一名教育工作者,你怎么看待这一现象?在教学工作中如何处理?(7分)

2. 案例1 预备铃一响，闹哄哄的教室迅速安静下来。陈老师走进教室，提醒个别仍未做好上课准备的学生调整好状态。开始上课之后，陈老师进行了“如何把6颗糖分成3份”的教学，并要求学生用学具模拟分糖果。学生答出了三种分法，陈老师引导学生进行对比，最后得出“2:2:2”的分法是最公平的分法，让学生初步体会到平均分的意义。随后，陈老师揭示本节课的题目——《平均分》，明确本次学习的目的及任务。

案例2 在教学过程中，当学生通过幻灯片展示操作成果时，陈老师发现赵同学低着头在做小动作，于是悄悄予以提醒，赵同学立即改正。在后续的学习环节中，赵同学认真听课，陈老师及时给予肯定，于是他更加自觉主动地投入到课堂学习中去。陈老师决定评选星级作业，作业被评为“五星级”的同学，老师可以帮他实现一个愿望。赵同学一改以往对待作业不认真、马虎了事的不良习惯，经过一番刻苦努力，他的作业最终被评为“五星级”。

(1)预备铃声和课前陈老师的提醒，有助于影响学生的哪一种注意品质？(2分)

(2)根据引起和维持随意注意的条件，分析陈老师的教育教学行为。(6分)

七、教育写作(本大题共20分)

请根据以下材料，写一篇不少于800字的论述文，题目自拟。

2020年春季学期，因为“新冠肺炎”疫情的特殊性，许多中小学除毕业班外，其他年级基本没有复学复课，“停课不停学”成为各级教育行政部门对学校、老师等的基本要求。为此，学校、老师、家长积极行动起来，开设“网课”成为解决“停课不停学”的最佳手段和措施。这个春季学期，无论是城市还是乡村，“线上教学”都成为中小学教学中的正常现象。

江苏省教师招聘考试教育理论基础押题试卷(十七)

(满分 100 分　时间 120 分钟)

本套试卷共 69 小题,包括单项选择题(35 小题)、多项选择题(10 小题)、判断题(20 小题)、简答题(2 小题)、论述题(2 小题)。

一、单项选择题(下列每小题列出的四个选项中只有一个是最符合题意的,请将其代码填在括号内。错选、多选或未选均不得分。本大题共 35 小题,每小题 1 分,共 35 分)

1.《学记》是中国古代也是世界上最早的专门论述教育问题的论著,其思想观点不包括(　　)

A. 古之王者,建国君民,教学为先　　B. 教也者,长善而救其失者也

C. 蓬生麻中,不扶而直　　D. 道而弗牵,强而弗抑,开而弗达

2. 为人师表是师德规范的重要内容,现代著名教育家叶圣陶也曾说过:"教育工作者的全部工作就是为人师表。"下列选项中,与"为人师表"的内涵一致的是(　　)

A."学为人师,行为世范"　　B."凡学之道,严师为难"

C."德无常师,主善为师"　　D."仰之弥高,钻之弥坚"

3. 德育的永恒主题是(　　)

A. 爱国主义教育　　B. 集体主义教育

C. 理想教育　　D. 劳动教育

4. 小学阶段的教学应侧重的教学方法是(　　)

A. 讲演的方法　　B. 探究的方法

C. 直观的方法　　D. 实习的方法

5. 实行国家、地方、学校三级课程管理,为的是增强课程对学校及学生的(　　)

A. 适应性　　B. 普及性

C. 实用性　　D. 时代性

6. 促进个体发展从潜在的可能状态转向现实状态的决定性因素是(　　)

A. 遗传　　B. 成熟

C. 环境　　D. 个体主观能动性

7. 老师上课时会说"做人要诚实,不能撒谎",而家长们有时会说"善意的谎言也是可以的"。这种现象违背了德育的(　　)

A. 长善救失原则　　B. 教育影响的一致性和连贯性原则

C. 导向性原则　　D. 正面教育与纪律约束相结合的原则

8. 学习者通过观察他人实施某种行为后所得到的结果来决定自己的行为指向,这属于(　　)

A. 直接强化　　B. 自我强化

C. 自主强化　　D. 替代强化

9. 在 KTV 待久了之后,会觉得本来很吵闹的声音变得不吵了。这属于(　　)

A. 感觉适应　　B. 感觉对比

C. 感觉后效　　D. 感觉补偿

10. 巴甫洛夫划分的强、平衡、灵活的高级神经活动类型相当于气质类型中的(　　)

A. 胆汁质　　B. 多血质

C. 黏液质　　D. 抑郁质

11. 医生通过号脉、观察来诊断患者的病情,这体现了思维的(　　)特征。

A. 直接性　　B. 间接性

C. 想象性　　D. 判断性

12. 海伦・凯勒曾说:"如果我是大学的校长,我要设定一门'如何使用你的眼睛'的必修课,致力于让学生善于发现生活中被忽视的欢乐。"这体现了(　　)的重要性。

A. 德育　　B. 美育　　C. 智育　　D. 体育

13. 下列选项中,有利于小学班级管理的是(　　)

A. 把分数作为衡量学生成就的主要指标

B. 确立学生在班级中的主体地位

C. 班级管理制度缺乏活力

D. 学生参与班级管理的程度较低

14. 人本主义的代表人物(　　)提出了自由学习观。

A. 布卢姆　　B. 罗杰斯

C. 马斯洛　　D. 柏拉图

15."为了赢得社会地位"的学习动机属于(　　)

①附属内驱力　②自我提高内驱力　③内部动机　④外部动机

A. ①③　　B. ①④　　C. ②③　　D. ②④

16. 教科书编写应遵循的原则有(　　)

A. 科学性、操作性、基础性、适用性

B. 普遍性、思想性、基础性、适用性

C. 科学性、思想性、基础性、适用性

D. 科学性、思想性、强制性、适用性

17. 著名生态学家、生物学家劳伦兹发现,刚出生的小鸭子会发生"印刻"现象,即模仿第一眼看到的动

物并向其学习。这一观点支持了教育的(　　)

A. 神话起源说　　B. 生物起源说

C. 劳动起源说　　D. 心理起源说

18. 裴斯泰洛齐认为:“发展个人天赋的内在力量,使其经过锻炼,使人能尽其才,能在社会上达到他应有的地位。这就是教育的目的。”这种观点反映的教育目的价值取向是(　　)

A. 生活本位论　　B. 社会本位论

C. 个人本位论　　D. 文化本位论

19. 在信息化环境中,课前学生学习教学视频等学习资料,课堂上师生开展作业答疑、协作探究和互动交流等活动的新型教学模式是(　　)

A. 自主学习　　B. 网络学习

C. 探究学习　　D. 翻转课堂

20. 以间接经验为主的课程,典型的表现形式是(　　)

A. 活动课程　　B. 核心课程

C. 学科课程　　D. 外围课程

21. 上好课最根本的要求是(　　)

A. 板书有序　　B. 充分发挥学生的主体性

C. 教学方法适当　　D. 教学结构合理

22. 我国明朝末期的东林书院强调“家事、国事、天下事,事事关心”,这在一定程度上反映了教育所具有的(　　)

A. 政治功能　　B. 人口功能

C. 经济功能　　D. 文化功能

23. “亲其师”才能“信其道”。这就要求教师要(　　)

A. 爱国守法　　B. 爱岗敬业

C. 关爱学生　　D. 终身学习

24. 我国当前教学改革的重心是(　　)

A. 教学改革和实验　　B. 建立合理的课程结构

C. 实施素质教育　　D. 个性发展

25. 班主任的工作是从(　　)开始的。

A. 评定学生操行　　B. 教育个别学生

C. 了解和研究学生　　D. 组建班集体

26. 小丁在考试中由于情绪高度紧张而忘记知识,这属于(　　)

A. 消退说　　B. 干扰说　　C. 压抑说　　D. 同化说

27. 乐乐平时不太受老师的重视,他便经常在上课时讲话、做小动作,老师朝他发脾气,他反倒做鬼脸,

引得同学们哈哈大笑。根据马斯洛的需要层次理论,乐乐是为了满足哪一层次的需要(　　)

A. 尊重的需要　　B. 自我实现的需要

C. 安全的需要　　D. 归属与爱的需要

28. 提升学生的自我效能感,可以从以下几个切入点考虑,其中(　　)形成的自我效能感不易持久。

A. 直接经验　　B. 替代经验

C. 言语暗示　　D. 情绪唤醒

29. 小江上课时因正确回答问题被老师表扬,心里很是开心。但是下午放学回到家因为房间很乱被妈妈训了一顿,还被禁止玩游戏。小江的老师和妈妈的行为分别属于(　　)

A. 正强化、负强化　　B. 正强化、惩罚

C. 负强化、惩罚　　D. 负强化、消退

30. 小静在班干部竞选中落选了,心里感到失落。后来一想,班干部事情多、责任重,当个普通学生更自由自在,还可以有更多的时间钻研新知识。这样一来,她的情绪很快恢复常态。这种心理防御机制属于(　　)

A. 否认　　B. 升华　　C. 投射　　D. 文饰

31. 学习质量与能量、遗传结构与变异、需求与价格等概念之间的关系属于(　　)

A. 接受学习　　B. 符号学习

C. 并列结合学习　　D. 命题学习

32. 表现为“富贵不能淫,贫贱不能移,威武不能屈”的阶段是(　　)

A. 依从　　B. 认同　　C. 内化　　D. 坚定

33. 问题解决的首要环节是(　　)

A. 提出假设　　B. 发现问题

C. 理解问题　　D. 检验假设

34. 通过角色训练增强自信心,然后将所学得的应对方式应用到实际生活情境中的行为演练方式为(　　)

A. 自我控制训练　　B. 肯定性训练

C. 自我强化训练　　D. 自我监督训练

35. 县级人民政府教育行政部门应当均衡配置本行政区域内学校师资力量,组织校长、教师的(　　),加强对薄弱学校的建设。

A. 学习和培训　　B. 沟通和合作

C. 培训和流动　　D. 交流和互访

二、多项选择题(下列每小题列出的选项中至少有两个是正确的,请将其代码填在括号内。错选、多选或未选均不得分。本大题共10小题,每小题1.5分,共15分)

1. 教师的知识素养中,教师的学科专业知识素养作为本体性知识最为重要。其中,学科专业知识素养

包括(　　)

A. 了解与该学科相关的知识

B. 了解该学科领域的思维方式和方法论

C. 了解该学科的发展脉络

D. 精通所教学科的基础性知识和技能

2. 形式教育论者与实质教育论者曾经就教学中非常重要的问题有过长期的争论。有关此两者的说法正确的是(　　)

A. 他们争论的焦点在于掌握知识与发展智力的关系问题

B. 形式教育论者可能主张学习拉丁文等与现实生活较远的科目

C. 实质教育论者认为教学要传授给学生对生活有用的东西

D. 形式教育论者不看重对学生智力的训练

3. 操行评定的一般步骤包括(　　)

A. 学生自评　　B. 小组评议

C. 班主任评价　　D. 信息反馈

4. 德育的体谅模式的特征有(　　)

A. 把培养健全人格作为德育目标

B. 坚持人具有一种天赋的自我实现趋向

C. 注重个体认知发展与社会客体的相互作用

D. 大力倡导民主的德育观

5. 下列属于个体身心发展互补现象的是(　　)

A. 盲人一般听觉灵敏

B. 聪明儿童常常学习不努力

C. 意志坚强的人能战胜身体残缺的困难

D. 失去双手的人能用嘴拿笔写字

6. 下列关于机能主义心理学派的说法,正确的有(　　)

A. 认为心理学研究采用实验内省法

B. 重视心理学的实际应用

C. 把意识分为感觉、激情状态等元素

D. 主张意识是一个连续的整体,是一种持续不断的过程

7. 下列关于教育心理学发展进程的说法,正确的有(　　)

A. 第一次提出“教育教学的心理学化”的思想是在初创时期

B. 布鲁纳的课程改革运动发生在成熟时期

C. 计算机辅助教学出现在完善时期

D. 合作性研究是成熟时期的成果

8. 研究发现,专家型教师与新手型教师的差异主要表现在(　　)

A. 课前指导　　B. 课堂教学过程

C. 课后评价　　D. 课时计划

9. 元认知策略包括(　　)

A. 计划策略　　B. 复述策略

C. 调节策略　　D. 监控策略

10. 某中学教师张明向上级有关部门反映学校乱收费的问题。学校先是对外宣称张明患有精神病,不给他安排教学任务,后又将其解聘。关于此案例,正确的说法有(　　)

A. 张明系学校教师,只应关心教学问题,收费问题不该他管

B. 学校不给张明安排教学任务的行为侵犯了张明的教育教学权

C. 学校解聘张明符合我国《教师法》规定的解聘条件

D. 为维护自己的合法权利,张明应当向当地教育行政部门提出申诉

三、判断题(判断下列各题的正误,并在题后的括号内打“√”或“×”。本大题共20小题,每小题0.5分,共10分)

1. 素质教育就是多开展课外活动、多上文体课。(　　)

2. 夸美纽斯认为教育的根本目的就是要养成内心自由、完善、仁慈、正义和公平这五种道德观念。(　　)

3. 教育目的的“社会本位论”忽视了受教育者个人的发展,因此,我们应当坚持教育目的的“个人本位论”。(　　)

4. 在技能形成过程中,分散练习的效果优于集中练习的效果。(　　)

5. “上行下效”“耳濡目染”是观察学习的体现。(　　)

6. 一般而言,经验的概括水平越低,迁移的范围越小,效果越差。(　　)

7. “一俊遮百丑”“一坏百坏”等观点体现了投射效应。(　　)

8. 教师尊重和接纳学生就是要赞同学生的所有行为。(　　)

9. 自我反思是教师专业发展的核心因素,是开展校本教研的基础和前提。(　　)

10. 程序性知识是关于“是什么”的知识,是对事实、定义、规则等的描述。(　　)

11. 教育不直接生产物质财富,所以教育是消费事业,是社会的福利事业。(　　)

12. 个别教学一方面有利于因材施教,另一方面又存在教学效率低下的缺点。(　　)

13. 基础教育课程改革坚持“教材是范例”的观点,学生不必刻板地唯书唯圣、一味地接受教材的全部对象和内容。(　　)

14. 一个良好班集体的建立必须通过各种活动来实现。(　　)

15. 课外活动的开展要因地制宜,要与当地的经济、文化发展要求相适应。(　　)

16. 在规定时间内,要求学生写出所能想到的偏旁为“宀”的汉字,写出的汉字越多,表明学生思维的独创性越好。 ( )

17. 小说中的重要人物具有鲜明的特点,是其最典型、最具有概括性的特质,这些特点属于人物的中心特质。 ( )

18. 偶尔出现一些不健康的心理和行为并不等于心理不健康,更不等于已患心理疾病。 ( )

19. 无论在什么条件下,他人在场总是会提高工作效率。 ( )

20. 残疾适龄儿童虽具有接受普通教育的能力,但最好去特殊教育学校接受教育。 ( )

四、简答题(本大题共 2 小题,每小题 5 分,共 10 分)

1. 简述中学生情绪发展的主要特点。

2. 著名教育家陶行知曾言:培养教育人和种花木一样,首先要认识花木的特点,区别不同情况给以施肥、浇水和培养教育,这叫“因材施教”。请联系实际,简述教学中因材施教的内涵和做法。

五、论述题(本大题共 2 小题,每小题 15 分,共 30 分)

1. 试述皮亚杰的认知发展阶段理论及其教学含义。

2. “世界上没有两片完全相同的树叶,同样,世界上也没有完全相同的两个人。”人与人之间既有生理层面的差异,更有心理层面的差异。对于学生的差异性,教师应当如何看待和把握?

江苏省教师招聘考试教育理论基础押题试卷(十八)

(满分100分　时间120分钟)

本套试卷共69小题,包括单项选择题(35小题)、多项选择题(10小题)、判断题(20小题)、简答题(2小题)、论述题(2小题)。

一、单项选择题(下列每小题列出的四个选项中只有一个是最符合题意的,请将其代码填在括号内。错选、多选或未选均不得分。本大题共35小题,每小题1分,共35分)

1.一张红纸,一半有阳光照射、一半没有阳光照射,颜色的明度、饱和度大不相同,但是我们仍将它知觉为同一张红纸。这体现了知觉的(　　)

A.恒常性　　B.整体性

C.相对性　　D.组织性

2.刺激物之间的强度、形状、大小、颜色或持续时间等方面的差别特别显著,特别突出,就容易引起人的无意注意。例如:孩子群中站一个大人、万绿丛中一点红,都容易引起人的注意。这种引起无意注意的因素是(　　)

A.刺激物的强度　　B.刺激物之间的对比关系

C.刺激物的活动和变化　　D.刺激物的新异性

3."应当把成人看作成人,把孩子看作孩子。"这体现了什么样的学生观(　　)

A.学生是责权主体　　B.学生是独特的人

C.学生是学习的主体　　D.学生是完整的人

4.教学工作中要注意"长善救失",这是针对个体身心发展的(　　)特征而言的。

A.阶段性　　B.互补性

C.不平衡性　　D.个别差异性

5.苏霍姆林斯基认为,课外、校外活动使"青少年迈上了科学思维的道路"。这说明课外、校外活动(　　)

A.有利于发展学生智力,培养学生能力　　B.有利于发展学生的个性特长

C.可促进学生身心的健康发展　　D.是进行德育的重要途径

6.下列属于认知主义学习观点的是(　　)

A.人的认知过程是一个主动寻找信息、接收信息,并在一定信息结构中进行加工的过程

B.一个人的行动取决于他是怎样从他自己的角度来知觉世界的

C.学习是刺激—反应之间联结的强化

D.知识是学习者在一定的情境下,通过意义建构方式获得的

7.新课程改革倡导(　　)的课程评价。

A.强调学生学会学习　　B.强调新的学习方式

C.突出甄别和选拔功能　　D.立足过程,促进发展

8.鲁迅在小说《祝福》中创造了祥林嫂这一艺术形象,这是他把旧中国许多妇女的遭遇集中后创造出来的形象,这种形象的构成方式属于(　　)

A.分析　　B.夸张

C.拟人化　　D.典型化

9.(　　)是记忆的初级表现形式,是比回忆较为容易和简单的一种恢复经验的形式。例如:好友重逢,一眼就认出了对方;旧地重游,处处有熟悉之感。

A.保持　　B.再认　　C.再现　　D.回忆

10.小可拿起书本后能迅速进入到书本知识的学习之中;小瑞拿起书本就只是在看书本,脑海中却浮想联翩,等他意识到走神时可能已经是半小时以后了。这反映了两人的(　　)差异。

A.注意能力　　B.想象能力　　C.理解能力　　D.创造能力

11.刘老师与学生一起讨论"网络语言攻击的危害",随后形成了"拒绝网络语言攻击"的认识,共同提出了相应的具体要求,并被全班同学所认可。这种品德培养的方法是(　　)

A.有效的说服　　B.树立良好的榜样

C.利用群体约定　　D.价值辨析

12.经过学习之后,把犬科、猫科动物归为哺乳类的思维过程是(　　)

A.系统化　　B.具体化

C.抽象　　D.概括

13.小学生"三点半难题"指小学下午三点半就会放学,而忙于工作的家长们却无暇接送孩子回家。为解决这个难题,许多小学在放学后组织学生开展3D打印、机器人、航模、手工制作、足球、篮球等兴趣课程。这类兴趣课程属于(　　)

A.基础型课程　　B.拓展型课程

C.研究型课程　　D.识记型课程

14.创作了《骆驼祥子》《四世同堂》等影响后人的文学作品,并获得"人民艺术家"称号的现代作家是(　　)

A.老舍　　B.巴金　　C.林语堂　　D.王朔

15.(　　)是指教师认为自己能够有效地影响学生,相信自己具有教好学生的能力。

A.教师威信　　B.教学效能感

C.教学反思　　D.职业承诺

16.人们常说:"三岁看大,七岁看老。"这句话反映出了人格的(　　)

A.社会性　　B.稳定性　　C.整体性　　D.独特性

17.个人本位论的代表人物有(　　)

A.卢梭、马斯洛、裴斯泰洛齐、福禄贝尔

B.杜威、孔德、裴斯泰洛齐、涂尔干

C.杜威、洛克、卢梭、孔德

D.涂尔干、赫尔巴特、卢梭、洛克

18.在近代西方教育史上,提出过著名的"白板说"的教育家是(　　)

A.夸美纽斯　　B.洛克

C.卢梭　　D.赫尔巴特

19.教育是新生一代成长与社会生活延续和发展不可缺少的手段,为一切人和一切社会所必需,并与人类社会共始终。这表明教育具有(　　)

A.永恒性　　B.历史性

C.阶段性　　D.生产性

20.把直接经验置于课程设计中心位置的课程理论流派是(　　)

A.学科中心课程论　　B.学生中心课程论

C.社会中心课程论　　D.问题中心课程论

21.根据个体主观能动性的层次发展理论,处于第三层次的是(　　)

A.生理活动　　B.心理活动

C.社会实践活动　　D.生理活动与心理活动的有机结合

22.从孔子到孟子,我国教育在价值取向上,强调的是(　　)

A.伦理教育　　B.知识教育

C.能力教育　　D.劳动教育

23.有人说教师工作是个无底洞,没有明显的时空界限。这反映了教师劳动的(　　)特点。

A.复杂性和创造性　　B.主体性和示范性

C.长期性和间接性　　D.连续性和广延性

24.在知、情、意、行四个德育环节中,________是基础,________是重要标志。(　　)

A.知　情　　B.知　行

C.意　行　　D.知　意

25.陶行知先生的"捧着一颗心来,不带半根草去"的教育信条体现了教师的(　　)素养。

A.教育理论知识　　B.崇高的职业道德

C.文化科学知识　　D.过硬的教学基本功

26.中国画中的"四君子"是指梅、兰、竹、(　　)

A.菊　　B.琴　　C.棋　　D.书

27.《学记》指出"独学而无友,则孤陋而寡闻""相观而善""相互切磋"。这说明我们在教学中要注意运用(　　)

A.谈话法　　B.讨论法　　C.讲授法　　D.练习法

28.学校、家庭、社会三结合教育中,占主导地位的是(　　)

A.学校教育与社会教育　　B.社会教育

C.家庭教育　　D.学校教育

29.阿特金森认为,个体的成就动机可分为(　　)

A.追求刺激的动机和追求利益的动机

B.回避困难的动机和避免失败的动机

C.追求成功的动机和避免失败的动机

D.追求利益的动机和追求成功的动机

30.学生在掌握了"萝卜""白菜""茄子"等概念之后,再学习"蔬菜"这一概念。这种学习属于(　　)

A.上位学习　　B.下位学习

C.同位学习　　D.并列结合学习

31.吴老师在数学课上清楚而细致地演算例题,帮助学生形成解题的技能,其为学生提供的是(　　)

A.原型定向　　B.原型模仿　　C.原型操作　　D.原型内化

32.看到与自己水平差不多的人考上大学,就会增强自己考上大学的信心。这种自我效能感源自(　　)

A.个人自身行为的成败经验　　B.替代经验

C.言语暗示　　D.情绪唤醒

33.教师经常运用奖励的方式让学生获得学习的成功体验,这体现了桑代克学习理论中的(　　)

A.准备律　　B.练习律　　C.效果律　　D.强化律

34.某学生学习钢琴弹奏技能,在练习一段时间之后发现自己的成绩总是提高不明显,这可能是(　　)现象导致的。

A.定势　　B.功能固着　　C.适应　　D.高原

35. 我国《未成年人保护法》规定，保护未成年人，应当坚持最有利于未成年人的原则。处理涉及未成年人事项，应当符合下列哪些要求( )

①给予未成年人特殊、优先保护；②尊重未成年人人格尊严；③保护未成年人隐私权和个人信息；④适应未成年人身心健康发展的规律和特点；⑤听取未成年人的意见；⑥保护与教育相结合

A. ①②③④⑤⑥　B. ①②④⑥

C. ②③④⑥　D. ②③④⑤

二、多项选择题(在下列每小题列出的选项中至少有两个是正确的，请将其代码填在括号内。错选、多选或未选均不得分。本大题 10 小题，每小题 1.5 分，共 15 分)

1. 下列语句体现了同一教学原则的是( )

A. "君子之教，喻也"

B. "杂施而不孙，则坏乱而不修"

C. "学而时习之"

D. "学而不思则罔，思而不学则殆"

2. 下列关于动机的说法中正确的有( )

A. 动机是在需要的基础上产生的

B. 个体产生动机是由内驱力决定的

C. 动机水平与学习效果不是直线关系，而是呈倒 U 型曲线关系

D. 在完成比较复杂的课题时，最佳的动机水平为高强度动机

3. 师德规范中的"为人师表"对教师的哪些方面提出了要求( )

A. 荣辱观　B. 语言谈吐　C. 衣着　D. 行为举止

4. 根据评价在教学过程中作用的不同，教学评价可分为( )

A. 诊断性评价　B. 形成性评价

C. 总结性评价　D. 相对性评价

5. 下列哪些属于新课程"三维目标"中的"情感态度与价值观"目标( )

A. "通过对本课的学习，掌握有效的学习方法"

B. "通过对本课的学习，理解不同学习策略的基本含义"

C. "通过对本课的学习，端正学习态度，养成良好的学习习惯"

D. "通过对本课的学习，激起探究自然科学的兴趣，产生强烈的求知欲望"

6. 教师的职业形象包括( )

A. 道德形象　B. 文化形象

C. 社会形象　D. 人格形象

7. 下列有关素质教育的说法正确的是( )

A. 素质教育就是特长教育

B. 素质教育以人的素质发展为核心

C. 素质教育关注的是人的发展质量

D. 素质教育的最终目标是取消考试

8. 个性心理倾向性包括( )

A. 兴趣　B. 爱好　C. 信念　D. 理想

9. 布鲁纳的认知结构学习理论认为，学习的三大过程包括( )

A. 领会　B. 评价　C. 转化　D. 获得

10. 教师心理健康的标准包括( )

A. 能积极地悦纳自我

B. 有良好的教育认知水平

C. 热爱教师职业，积极地爱学生

D. 具有稳定而积极的教育心境

三、判断题(判断下列各题的正误，并在题后的括号内打"√"或"×"。本大题共 20 小题，每小题 0.5 分，共 10 分)

1. 只有当社会的发展处于负向时，教育才会发挥负向功能。( )

2. 教育方针是一个国家教育发展的总方向。( )

3. 环境对儿童发展所起的作用总是积极的。( )

4. 德育目标是德育工作的出发点，它不仅决定了德育的内容、形式和方法，而且制约着德育工作的基本过程。( )

5. 文化馆、图书馆、博物馆、民风民俗等都可以作为课程资源。( )

6. 我国中小学课桌的摆放多呈"秧田式"，但是这种格局不利于师生之间的交往以及生生之间的交往。( )

7. 培根首次提出把教育学作为一门独立的学科，他提出的比较分析法为教育学的发展奠定了方法论基础。( )

8. 新课程改革提出的"三维目标"是指基础知识目标、创新能力目标、思想品德目标。( )

9. 讲解重在"讲"，主要用于陈述性知识的介绍，帮助学生明确概念、认识规律、掌握原理。在数学、物理、化学等学科中，讲解的应用比较广泛。( )

10. 教师职业道德修养的最终目的就是要形成良好的职业道德理想。( )

11. 考试时明明知道试题的答案，当时却回忆不起来的现象是舌尖现象。( )

12. 如果你注视瀑布的某一处一段时间后，再看周围静止的田野，会觉得田野上的一切在向上飞升。这种现象是运动后效。（　）

13. 依据奥苏贝尔的有意义学习理论，学习材料的逻辑意义能确保产生有意义学习。（　）

14. 此一时彼一时的偶然表现不能称为品德，只有经常地表现出一贯的规范行为，才标志着品德的形成。（　）

15. 就认知风格而言，发散型认知方式比辐合型认知方式更好。（　）

16. 教师向学生推销商品属于侵犯学生的财产权。（　）

17. 在人的一生中，流体智力会不断增长。（　）

18. 学生对相似的、容易混淆的英文单词分别作出正确的反应属于概念学习。（　）

19. 心理学中的学习策略就是我们日常学习生活中所说的学习方法。（　）

20. 取得教师资格的人员首次任教时，应当有试用期。（　）

四、简答题（本大题共 2 小题，每小题 5 分，共 10 分）

1. 简述教育对文化的影响。

2. 如何针对不同的气质类型因材施教？

五、论述题（本大题共 2 小题，每小题 15 分，共 30 分）

1. 为什么说德育过程是一个长期的、反复的、逐步提高的过程？

2. 联系教学实际，试述如何培养学生的学习动机。

江苏省教师招聘考试教育理论基础押题试卷(十九)

(满分 100 分　时间 120 分钟)

本套试卷共 55 小题,包括填空题(10 小题)、单项选择题(20 小题)、多项选择题(5 小题)、判断题(12 小题)、简答题(4 小题)、论述题(2 小题)、案例分析题(2 小题)。

一、填空题(在下列每小题的空格中填上正确答案。错填、不填均不得分。本大题共 10 小题,每小题 1 分,共 10 分)

1. 老师教学时用"山巅一寺一壶酒"来帮助学生识记圆周率 3.14159,这一记忆方法是________。
2. 赞科夫在《教学与发展》中提出了五条新的教学原则,即________、高速度、理论知识起主导作用、使学生理解学习过程以及使所有学生包括"差生"都得到一般发展的原则。
3. 教学方法的指导思想包括________和________两种。
4. 德育过程的主要矛盾是教育者提出的德育要求与受教育者已有________之间的矛盾。
5. 马斯洛的需要层次理论中最高层次的需要是________。
6. 学生和老师在人格上是________的关系。
7. 奥地利生态学家劳伦兹在发现幼禽的印刻现象时提出了________的概念。
8. 在整个课程编制中最为关键的准则是________。
9. 贾德在 1908 年所做的________实验,是概括化理论的经典实验。
10. 心理过程包括认知过程、________、意志过程。

二、单项选择题(下列每小题列出的四个选项中只有一个是最符合题意的,请将其代码填在括号内。错选、多选或未选均不得分。本大题共 20 小题,每小题 1 分,共 20 分)

1. 在中国文学史上有重要地位,被鲁迅誉为"史家之绝唱,无韵之离骚"的是哪部史书(　)

A.《离骚》　B.《史记》　C.《资治通鉴》　D.《汉书》

2. 个体若长时间身处黑暗无光处,一旦来到光明处,眼睛会什么都看不到,但很快就能看清一切。这种现象是(　)

A. 暗适应　B. 明适应　C. 后像　D. 闪光融合

3. 孔子说:"始吾于人也,听其言而信其行;今吾于人也,听其言而观其行。于予与改是。"这说明在德育过程中必须贯彻(　)的原则。

A. 知行统一　B. 渗透熏陶

C. 集体教育　D. 教育影响的一致性与连贯性

4. 下列选项中,属于实用主义教育学观点的是(　)

A. 教育过程即历史文化过程

B. 师生关系中以教师为中心

C. 教学过程与生活过程合一

D. 课程组织以学科知识体系为中心

5. 班主任在课堂上讲到"共和国勋章"时,向学生介绍了钟南山不顾生命危险救治危重病人,奔赴疫区指导医疗救治工作的事迹,同学们深受教育。这体现的教学规律是(　)

A. 发展性规律　B. 间接性规律

C. 教育性规律　D. 双边性规律

6. "劳心者治人,劳力者治于人"的中国传统儒家思想把(　)相分离。

A. 教育与生活　B. 教育与经济

C. 教育与政治　D. 教育与生产劳动

7. 由学生自己来提出问题、设计方案、实施并得出结论的课程,属于(　)

A. 工具性课程　B. 研究型课程

C. 拓展型课程　D. 知识性课程

8. 训练班级成员自己管理自己、自己教育自己、自主开展活动的最好载体是(　)

A. 班主任　B. 兴趣小组

C. 少先队　D. 班集体

9. 小亮去过几次小姨家,就能画出具体的路线图。小亮处于儿童认知发展的(　)

A. 形式运算阶段　B. 具体运算阶段

C. 前运算阶段　D. 感知运动阶段

10. 李老师能力强,善于与学生交流,经常倾听学生对于开展教学活动的意见,班上的学生学习积极性高,兴趣广泛,和老师配合默契。这属于(　)师生关系。

A. 专制型　B. 放任型

C. 民主型　D. 权威型

11. (　)是教师职业道德修养所达到的一种最高的精神境界,它标志着教师的职业道德修养已经达到了高度自觉的程度。

A. 诚信守法　B. 爱岗敬业

C. 关心学生　D. "慎独"

12. 下列关于教学原则,表述不正确的观点是(　)

A. 教师不断提高自身专业水平属于贯彻科学性与思想性相统一的原则要求

B. 教师的生动形象化语言的描述和比喻属于直观教学的方式

C. 解决好重点与难点的教学属于贯彻循序渐进原则的基本要求

D. 建立民主平等的师生关系属于贯彻因材施教原则的基本要求

13. 在许多人“起哄”的时候，平时文雅的学生也会表现得粗鲁无礼，这种行为是(　　)

A. 服从　　B. 依从

C. 去个性化　　D. 模仿

14. 罗杰斯的“以学生为本”“让学生自发学习”“排除对学习者自身的威胁”的教学模式属于(　　)

A. 最优化教学模式　　B. 结构主义课程模式

C. 非指导性教学模式　　D. 发展性教学模式

15. 课外、校外教育与课堂教学的共同之处在于(　　)

A. 有目的、有计划、有组织地进行　　B. 师生共同组织

C. 学生自愿选择　　D. 学生自主进行

16. 一般能力是指在不同种类活动中表现出来的能力，是从事一切活动所必备的能力的综合，如观察力、记忆力、抽象概括能力、创造力等，其中(　　)是一般能力的核心。

A. 观察力　　B. 记忆力

C. 抽象概括能力　　D. 创造力

17. 20 世纪 60 年代初期，在美国发起课程改革运动的著名心理学家是(　　)

A. 桑代克　　B. 斯金纳

C. 华生　　D. 布鲁纳

18. 尽管个体的发展要经历一些共同的基本阶段，但在发展速度、最终达到的水平和优势领域上往往是有差别的。例如，有的学生反应敏捷，有的学生反应迟钝；有的学生开朗活泼，有的学生沉着内向。这反映了个体心理发展的(　　)

A. 不平衡性　　B. 方向性和顺序性

C. 差异性　　D. 协调性

19. 下列选项中，能体现垂直迁移的具体事例是(　　)

A. 汉语拼音的学习影响英语字母的发音

B.“角”的概念的掌握影响“直角”“平角”等概念的学习

C.“石”字的学习影响“磊”字的学习

D. 在学校形成的爱护公物的习惯影响在校外的行为表现

20. 根据我国《教育法》的规定，明知校舍或者教育教学设施有危险，而不采取措施，造成人员伤亡或者重大财产损失的，对直接负责的主管人员和其他直接责任人员，依法追究(　　)

A. 民事责任　　B. 刑事责任

C. 一般责任　　D. 行政责任

三、多项选择题(下列每小题列出的选项中至少有两个是正确的，请将其代码填在括号内。错选、多选或未选均不得分。本大题共 5 小题，每小题 2 分，共 10 分)

1. 福勒和布朗把教师的成长划分为哪几个阶段(　　)

A. 关注情境　　B. 关注学生　　C. 关注教材　　D. 关注生存

2. 以下属于短时记忆特点的是(　　)

A. 时间很短　　B. 容量有限

C. 意识清晰　　D. 操作性强

3.“生活的磨难教育了我们”中的“教育”指的是(　　)

A. 正规教育　　B. 非正规教育

C. 广义的教育　　D. 狭义的教育

4. 教育文献检索的基本方法有(　　)

A. 顺查法　　B. 逆查法

C. 引文查找法　　D. 问卷调查法

5. 根据《关于加强和改进新时代师德师风建设的意见》相关要求，属于加强师德师风建设基本原则的是(　　)

A. 坚持违规惩处　　B. 坚持尊重规律

C. 坚持聚焦重点　　D. 坚持考核评价

四、判断题(判断下列各题的正误，并在题后的括号内打“√”或“×”。本大题共 12 小题，每小题 1 分，共 12 分)

1.“染于苍则苍，染于黄则黄”说明学生具有向师性。(　　)

2. 教育的隐性功能是不能转化为显性功能的。(　　)

3. 定性分析是教育研究走向成熟的重要标志。(　　)

4. 赫尔巴特等人将儿童的发展看作是一种自然过程，主张教师不要过多干预儿童的发展。(　　)

5.“东风夜放花千树，更吹落、星如雨”描述的是元宵节的景象。(　　)

6. 人是自然性和社会性的统一，若单纯强调人的自然属性，就会陷入“遗传决定论”。(　　)

7. 心理定势对问题解决既有积极作用，也有消极作用。(　　)

8. 加德纳认为在多元智力结构中，各种智力的地位是不平等的。(　　)

9. 埃里克森认为，2 ~ 3 岁儿童的发展任务是培养自主性。(　　)

10. 试题难度直接影响区分度，特别难的题目大家都不会做，特别容易的题目大家都会做，这两种题目的区分度都很低。反之，中等难度的试题的区分度比较高，难度为 0.5 的题目，区分度最大。(　　)

11. 皮亚杰认为儿童的道德经历了一个从自律向他律的转化发展过程。(　　)

12. 教师的威信实质上反映了一种良好的师生关系。(　　)

五、简答题(本大题共4小题,每小题4分,共16分)

1. 简述如何激发学生的学习动机。

2. 简述班杜拉的社会学习理论。

3. 请列举新课程改革倡导的学习方式,并加以简要说明。

4. 班主任应该如何组织和培养班集体?

六、论述题(本大题共2小题,每小题7分,共14分)

1. 试述如何培养学生的问题解决能力。

2. 有人说要蹲下身子做教育,只有"蹲下"才能与学生的视线保持同一水平,以同一视野去看世界。请你说说"蹲下教育"的含义,并结合相关专业知识与实际情况,说说你认为在教学工作中如何贯彻这一理念。

七、案例分析题(本大题共2小题,每小题9分,共18分)

1. 从教20年来,我在校内外多次观摩听课。近年来,我发现,有些经过教研组集体合力打磨的课,展示时总感觉太失真,作秀太明显;也有一些教师精心准备的课,却受到学生的冷遇,台上教师口若悬河,台下学生却昏昏欲睡。这种情况与教师课前没有充分了解学生的情况有关。所以教师备课不应只是备课本,更要关注学生学情,并由此出发有针对性地设计教什么、怎么教。

(1)教师备课在教学过程中的地位与作用是什么?(3分)

(2)教师备课应该树立什么理念?(6分)

2. 单元考后,语文老师让同学们对考试成绩进行反思,总结经验教训,写成作业上交,甲、乙、丙三人分别写道:

甲:我使尽了"洪荒之力",一分耕耘,一分收获。

乙:考得好是因为背的全考到了,还没有背的都没有考到。

丙:别人都很强,我可能不是块学习的料。

(1)运用韦纳的归因理论,具体分析甲、乙、丙三人归因的维度和因素。(3分)

(2)分析甲、乙、丙三人的归因对其动机及行为的影响。(6分)

江苏省教师招聘考试教育理论基础押题试卷(二十)

(满分 100 分　时间 120 分钟)

本套试卷共 55 小题,包括填空题(10 小题)、单项选择题(20 小题)、多项选择题(5 小题)、判断题(12 小题)、简答题(4 小题)、论述题(2 小题)、案例分析题(2 小题)。

一、填空题(在下列每小题的空格中填上正确答案。错填、不填均不得分。本大题共 10 小题,每小题 1 分,共 10 分)

1. 瑞士著名心理学家皮亚杰采用________对儿童道德判断的发展进行了系统的研究。
2. 班会一般有三类,即________、生活班会和主题班会。
3. ________是学校对学生进行思想品德教育的基本方法。
4. 教师职业道德的基本原则是________。
5. 问题解决策略包括算法策略和________策略。
6. 学与教的过程包括五个要素,即学生、教师、________、教学媒体和教学环境。
7. 红、橙、黄色使人产生暖的感觉,绿、青、蓝色使人产生冷的感觉。这种现象是________。
8. 学习动机的两个基本成分是________和学习期待。
9. 在我国的教育法律体系中,________处于"母法"和"根本大法"的地位。
10. 道德教育的________是当代德育理论中流行最为广泛、占据主导地位的德育学说。

二、单项选择题(下列每小题列出的四个选项中只有一个是最符合题意的,请将其代码填在括号内。错选、多选或未选均不得分。本大题共 20 小题,每小题 1 分,共 20 分)

1. 教师施教应由具体到抽象、由浅入深、由易到难、由简到繁、由低级到高级,循序渐进。这样做的依据是个体身心发展具有(　　)

A. 顺序性　B. 阶段性　C. 互补性　D. 整体性

2. 杜威提出"教育即生活"的观点,在思想品德教育方法中与其精神相一致的是(　　)

A. 说服教育法　B. 榜样示范法

C. 情境体验法　D. 实际锻炼法

3. 综合实践活动课程是新一轮基础教育课程改革提出的课程类型。下列关于综合实践活动课程的说法,错误的是(　　)

A. 它不属于国家课程

B. 它是一种实践性课程

C. 它是一种经验性课程

D. 它重在培养学生对综合性问题的解决能力

4. 学生往往会"度德而师之",因而要求教师应扮演好(　　)

A. 研究者角色　B. 管理者角色

C. 示范者角色　D. 授业、解惑者角色

5. 班级管理的核心是(　　)

A. 创造良好的学习环境　B. 提高班级的成绩

C. 学生的发展　D. 建立良好的师生关系

6. 张老师为了营造良好的班级学习氛围,开展了一系列学习竞赛活动,学生的学习热情高涨,成绩也有进步。但同时也有同学反映班级同学之间不像以前那样互帮互助,出现了隐瞒学习资料、猜疑等现象。上述事实表明张老师的教育(　　)

A. 既有正向隐性功能,又有负向隐性功能

B. 既有负向显性功能,又有负向隐性功能

C. 既有正向显性功能,又有正向隐性功能

D. 既有正向显性功能,又有负向隐性功能

7. 我国中小学开设的语、数、外等课程属于(　　)

A. 活动课程　B. 潜在课程

C. 综合课程　D. 学科课程

8. 设置学习目标,浏览阅读材料,分析如何完成学习任务等属于元认知策略中的(　　)

A. 调节策略　B. 计划策略　C. 监控策略　D. 组织策略

9. 小学生容易混淆"p""q",这说明小学生的(　　)能力还不成熟。

A. 感知　B. 注意　C. 思维　D. 记忆

10. 加涅从信息加工的观点出发,把学习过程分为如下八个阶段,排序正确的是(　　)

①动机阶段　②获得阶段　③了解阶段　④概括阶段

⑤反馈阶段　⑥回忆阶段　⑦操作阶段　⑧保持阶段

A. ①③⑧②④⑦⑤⑥　B. ①③⑧②⑦④⑥⑤

C. ①③②⑧⑥④⑦⑤　D. ③①②⑧④⑥⑦⑤

11. 下列属于迁移理论的是(　　)

①形式训练说　②相同要素说　③概括化理论　④多元智力理论

A. ①②③　B. ①②④　C. ①③④　D. ②③④

12. 学生在课堂上一边听讲,一边记笔记;司机驾驶汽车时手扶方向盘,同时脚踩油门,眼睛还能注意路标和行人。上述现象体现的注意品质是(　　)

A. 注意的选择　　B. 注意的转移

C. 注意的稳定性　　D. 注意的分配

13. 短时记忆的容量有一定的限度,一般是(　　)个组块。

A. 6 ± 2　　B. 6 ± 12　　C. 7 ± 1　　D. 7 ± 2

14. 在哪个阶段,学生的品德容易发生两极分化(　　)

A. 学前阶段　　B. 小学阶段

C. 初中阶段　　D. 高中阶段

15. 某学生能够进行逻辑推理,并且具备补偿与可逆的思维能力。根据皮亚杰的认知发展阶段理论,该生的认知发展处于(　　)

A. 感知运动阶段　　B. 前运算阶段

C. 具体运算阶段　　D. 形式运算阶段

16. 所有学生在同样的学校系统中学习,从小学到大学的各级各类学校是相互衔接的。这属于(　　)的特点。

A. 单轨制　　B. 三轨制　　C. 双轨制　　D. 分支型学制

17. 教学中贯彻理论联系实际的原则,不妥当的是(　　)

A. 强调个人经验,否定理论知识的作用　　B. 强调学生本身的实际

C. 联系社会实际　　D. 联系教学实际

18. 虽然小明的期末测验成绩不高,但与期中相比有所提高,老师仍颁给他"学习进步奖"。这种评价属于(　　)

A. 相对性评价　　B. 绝对性评价

C. 个体内差异评价　　D. 终结性评价

19. 小刚原来见了陌生人就躲避,上了一个月幼儿园后,小刚的这种行为消失了。根据加涅的学习结果分类,这是发生了(　　)的学习。

A. 言语信息　　B. 智慧技能

C. 动作技能　　D. 态度

20. 教师要落实立德树人根本任务,不得违反教学纪律,敷衍教学,或擅自从事影响教育教学本职工作的兼职兼薪行为,这要求教师要遵守下列哪项职业行为准则(　　)

A. 潜心教书育人　　B. 自觉爱国守法

C. 传播优秀文化　　D. 关心爱护学生

三、多项选择题(下列每小题列出的选项中至少有两个是正确的,请将其代码填在括号内。错选、多选、少选或未选均不得分。本大题共5小题,每小题2分,共10分)

1. 下列教育学著作中,作者和其作品相一致的有(　　)

A. 夸美纽斯的《大教学论》　　B. 洛克的《教育漫话》

C. 赫尔巴特的《普通教育学》　　D. 凯洛夫的《教学与发展》

2. 孔子有不少关于美育的论述,蕴含着深刻而丰富的审美思想。下列能够体现孔子美育思想的是(　　)

A. 兴于诗　　B. 成于乐　　C. 游于艺　　D. 立于礼

3. 我国新型师生关系的特征是(　　)

A. 心理相容　　B. 民主平等

C. 尊师爱生　　D. 严格要求

4. 关于智力与创造性的关系,下列说法正确的有(　　)

A. 高智力的人创造性一定高

B. 低智力的人不可能有高的创造性

C. 低创造性的人智力不一定低

D. 高创造性的人必须具有高于一般水平的智力

5. 认知学习理论是通过研究人的认知过程来探索学习规律的学习理论。下列有关认知学习理论的说法,正确的是(　　)

A. 苛勒的完形—顿悟学习理论　　B. 布鲁纳的认知—结构学习论

C. 班杜拉的有意义接受学习论　　D. 加涅的信息加工学习理论

四、判断题(判断下列各题的正误,并在题后的括号内打"√"或"×"。本大题共12小题,每小题1分,共12分)

1. 在新课程中,课程评价主要是为了"选拔适合教育的儿童",从而促进儿童的发展。(　　)

2. 教师要善于选择方法并创造性地加以运用,力求使教学取得较好的效果。(　　)

3. 教师尊重学生的自由意志和道德自主性,意味着教师在德育过程中必须要保持价值中立。(　　)

4. "师也者,教之以事而喻诸德者也"体现了教师职业道德要求的双重性。(　　)

5. "少成若天性,习惯如自然"说明早期家庭教育是学校教育的基础。(　　)

6. 班集体不是自然形成的,任何一个班集体的形成都会经历组建、形成、发展的过程。(　　)

7. 感觉是人脑对作用于感觉器官的客观事物的整体属性的反映。(　　)

8. 学生因在学习过程中遇到自己无法克服的困难而向他人或物体(借助字典、参考书等)请求帮助的行为,是一种依赖性的表现。(　　)

9. 知识和技能可以迁移，但是行为规范和态度则不可以迁移。 ( )

10. 小黄性格孤僻、行动迟缓，他善于觉察别人不易察觉到的细小事物，具有内倾性等心理特征。小黄的气质类型最有可能是抑郁质。 ( )

11. 幻想是一种不切实际、不能实现的空想，因而它是消极的。 ( )

12.《深化新时代教育评价改革总体方案》中提出：义务教育学校重点评价促进学生全面发展、保障学生平等权益、引领教师专业发展、提升教育教学水平、营造和谐育人环境、建设现代学校制度以及学业负担、社会满意度等情况。 ( )

五、简答题（本大题共 4 小题，每小题 4 分，共 16 分）

1. 简述桑代克的试误说对教学的启示。

2. 简述素质教育的内涵。

3. 简述如何运用无意注意的规律组织教学。

4. 为什么说学校教育在人的发展中起主导作用？

六、论述题（本大题共 2 小题，每小题 7 分，共 14 分）

1. 试述建构主义学习理论的学习观。

2. 结合教育理论知识和教育实践谈谈你对“教学有法，教无定法，贵在得法”的认识。

七、案例分析题(本大题共2小题,每小题9分,共18分)

1. 陈明和罗亮今年高三,是一对好朋友,两个人在处理问题的认知风格方面有较大的差异。比如,让他们从一个复杂的图形中找出另外一个简单的图形,陈明会找得很快,而罗亮则会花费很长的时间。陈明在学习上遇到问题时,常利用个人经验独立对其进行判断,喜欢用概括的与逻辑的方式分析问题,很少受到同学与老师建议的影响。而罗亮遇到问题时的表现则与陈明相反,他更愿意听老师和同学的建议,并以他们的建议作为分析问题的依据。另外,罗亮还喜欢察言观色,关注社会问题。

(1)请结合案例谈谈二人的认知风格有何差异。(4分)

(2)请从教师的角度来说说如何根据二人的认知方式的差异进行教育。(5分)

2. 升国旗仪式后,少先队大队部下发了为残疾儿童献爱心的倡议。回教室途中,班主任刘老师听到班里有位同学在嘀咕:"献爱心,献爱心,想必又要让我们捐款了。"一旁的同学也在低声讨论着。下午的班会课上,刘老师组织同学们观看有关残疾儿童的纪录片,并围绕"有何感想"和"我们能做什么"进行分组讨论。集体交流时,A同学说:"我们小区有一个这样的孩子,真的很可怜,我去帮过他,但是我要上学做作业,只能偶尔帮帮他。"其他同学也纷纷发言:"我们可以省下自己的零花钱,更多地帮助他们。""众人拾柴火焰高!""捐物捐款只是献爱心的一种表现,帮助他们重拾对生活的信心才是关键!""我们可以给他们写信、送贺卡。"……最后,刘老师在总结时,分享了自己很喜欢的一句话——"让别人因为我们的存在而感到幸福!"

结合案例,分析刘老师的行为遵循了哪些德育规律。(9分)